놀이로 배우는
인공지능

놀이로 배우는 인공지능

ⓒ 2022. 곽소아, 김서진, 양정현, 이현주, 장윤재 All rights reserved.

1쇄 발행 2022년 11월 30일

지은이 곽소아, 김서진, 양정현, 이현주, 장윤재
펴낸이 장성두
펴낸곳 주식회사 제이펍

출판신고 2009년 11월 10일 제406-2009-000087호
주소 경기도 파주시 회동길 159 3층 / **전화** 070-8201-9010 / **팩스** 02-6280-0405
홈페이지 www.jpub.kr / **원고투고** submit@jpub.kr / **독자문의** help@jpub.kr / **교재문의** textbook@jpub.kr

소통기획부 김정준, 이상복, 송영화, 권유라, 송찬수, 박재인, 배인혜
소통지원부 민지환, 이승환, 김정미, 서세원 / **디자인부** 이민숙, 최병찬

진행 및 교정·교열 장성두 / **내지 및 표지 디자인** 이민숙 / **삽화** 정진호
용지 타라유통 / **인쇄** 한길프린테크 / **제본** 일진제책사

ISBN 979-11-92469-32-4 (63000)
값 20,000원

제이펍은 독자 여러분의 아이디어와 원고 투고를 기다리고 있습니다. 책으로 펴내고자 하는 아이디어나 원고가 있는
분께서는 책의 간단한 개요와 차례, 구성과 지은이/옮긴이 약력 등을 메일(submit@jpub.kr)로 보내주세요.

놀이로 배우는
인공지능

곽소아, 김서진, 양정현, 이현주, 장윤재 **지음**

제이펍

차 례

5부

덩실덩실 미러링 **145**

6부

다시 만나기 **201**

놀이 차례

머리말

우리는 어떤 세상을 살아가고 있나요?

우리는 인공지능 스피커로 편리하게 음악을 감상할 수 있고, 인공지능이 추천해 준 제품을 손쉽게 구매할 수 있고, 인공지능 챗봇을 통해 언제 어디서나 필요한 내용을 문의할 수 있습니다. 인공지능을 활용한 자율주행 자동차, 질병을 진단해 주는 인공지능, 법정에서 원고나 피고를 변호해 주는 인공지능 변호사 등도 등장했지요. 최근에는 인공지능이 만든 음악과 그림이 비싼 값에 팔리기도 하고, 인공지능이 만든 그림이 사람이 그린 그림을 제치고 미술전에서 1위를 차지하기도 했습니다.

이렇듯 인공지능은 우리 삶 곳곳에 스며들어 우리 삶을 빠르게 변화시키고 있고, 우리 삶에 막대한 영향을 끼치고 있는 이 인공지능이 어떻게 작동하는지 아는 것이 곧 우리가 사는 세상을 이해하는 방법 중 하나가 될 것입니다. 또, 인공지능의 기능과 의미를 이해하는 가장 좋은 방법은 인공지능을 사용하여 직접 무언가를 만들어 보는 것이지요. 아주 즐거운 방법으로요!

이 책은 몸, 인공지능, 코딩이 신나는 놀이의 재료이자 나만의 창작 도구가 되어 신나게 놀아보는 활동을 소개합니다. 신나는 몸 놀이를 통해 음악과 그림, 애니메이션, 창작 안무 등을 만들어 보고, 그 과정에서 인공지능과 기계학습, 코딩을 자연스럽게 이해하는 것이 목표입니다.

하나, 팬데믹을 넘어!

팬데믹 시대에 자유로이 뛰어놀지 못하는 아이들, 마스크 너머 겨우 보이는 아이들의 미소와 표정들. 특히 눈, 코, 입의 위치와 표정을 감지하는 얼굴 인식의 경우, 아직은 교실 활동으로 진행하기가 어려운 부분이 있습니다. 이 어려운 시기를 의연하게 이겨 내는 아이들에게 가정에서만큼은 답답한 마스크를 벗고 자신을 마음껏 표현하며 즐겁게 배울 수 있도록 지원해 주고 싶습니다. 가족의 든든한 지지를 받으며 여러분의 생각을 자유롭게 실험하고 표현해 보세요!

둘, 몸의 경험!

이 책의 모든 활동은 '몸의 경험'으로 시작합니다. 처음부터 아이들이 일련의 형식적인 내용을 배우는 게 아니라 물리적 공간에서 자신의 몸동작으로부터 얻은 통찰을 충분히 발전시켜 배운 지식을 프로그램에 적용하고, 놀이와 창작을 할 수 있도록 이끌어 줍니다. 몸의 움직임으로 '나'에 집중하고 생각을 표현하는 활동은 세상을 이해하는 출발점이자 세상과 소통하는 가장 근원적인 방법이 됩니다. '몸의 경험'을 출발점으로 삼아 실존하는 세계에 있는 물체를 만지며 즐겁게 탐구하고, 생각하며, 나만의 창의적인 프로젝트를 만드는 과정에 도전해 보세요!

셋, 신나는 놀이!

놀이는 창의적 학습 경험을 장려하고 지원하는 가장 좋은 방법입니다. 창의성은 자유로운 시도와 실험이 가능할 때 발현되기 때문입니다. 컴퓨팅 사고와 인공지능 역량 역시 놀이로 접근하는 것이 필요합니다. 놀이로 경험하는 코딩과 인공지능은 이전에 경험한 것들에 대한 자신의 감정을 표현하거나 이전에 배웠던 개념과 지식을 프로젝트에 적용하면서 다양한 경험을 통합시키고 새로운 지식을 구성하는 과정이 됩니다. 즉, 놀이로 경험하는 코딩과 인공지능은 실패와 완성에 대한 부담을 제거해 주기 때문에 우리가 인지적으로 유연하게 사고하도록 돕고, 시행착오로 인한 모든 결과를 긍정적으로 바라보며, 프로젝트를 수행하는 과정에서 경험하는 모든 것을 의미 있는 학습 경험으로 연결하도록 돕습니다. 때로는 혼자서, 때로는 친구와, 때로는 가족과 함께 즐거운 놀이와 창작에 도전해 보세요!

넷, 내가 곧 예술!

예술과 기술의 교차점을 탐구하고, 정형화된 예술이 아닌 새로운 관점과 실험에 도전하기! 이 과정에서 눈빛, 손짓, 발짓을 동원해 가며 온몸으로 표현하는 여러분의 언어야말로 그 무엇보다 아름다운 예술 작품이 아닐까 싶습니다. 또, 함께 배우고 성장하는 모든 과정이 '예술'이라 생각됩니다. 여러분이 표현하고 배우는 모든 과정이 예술이라면, 여러분 스스로 '내가 곧 예술'이 되지 않을까요? 세상이라는 커다란 캔버스 위에 여러분의 작품을 가득 채워 보세요!

다섯, 소통과 연결!

'인공지능을 배운다'는 이유로 그저 스크린 속에 갇혀 있지 않도록 하였습니다. 움직임 공간을 자유로이 활용하여 몸 놀이를 만들기도 하고, 내가 좋아하는 장난감이나 사물들을 놀이의 재료로 사용하기도 했습니다. 때로는 가족이나 친구와 함께 활동해 보고, 내가 만든 인공지능과 함께 긴밀히 소통하며 나에게 의미 있는 것을 만들어 볼 수 있도록 했습니다. 또, 내가 만든 놀이와 창작품을 온라인에 게시하고 아이디어를 공유할 수 있도록 학습 커뮤니티 공간을 마련했습니다. 즐겁게 배우는 과정에서 환경, 재료, 사물, 내면의 내 모습, 또 다른 누군가와 소통하고 연결되는 경험을 해 보세요!

자, 그럼 놀이로 배우는 인공지능에 뛰어들어 볼까요?

감사의 글

이 책은 많은 분들의 응원과 참여로 완성하였습니다. 제이펍 출판사를 비롯해 도움을 주신 모든 분께 진심으로 감사드립니다.

실습 코드 개발 및 테스트
- ○ 장지우 어린이

놀이 활동 촬영
- ○ 유아: 김서윤, 배주오, 장지수, 정해온
- ○ 초등학생: 김도윤, 김효림, 박다온, 양우수, 장예원, 장지우
- ○ 중학생: 장민우, 추연우

탈춤 음원 제작 및 탈춤 동작 촬영
- ○ 박효진(국가무형문화재 제61호 은율탈춤 이수자)

영상 콘텐츠 제작
- ○ 촬영: PBOT
- ○ 편집: 오슬기

베타 테스터
- ○ 최승윤(별내초등학교 교사)
- ○ 노현아(이화여대, 광주교대, 한국외대 등 출강)
- ○ 임진숙(경산과학고 정보교사)
- ○ 엄기순(테크니컬 아티스트, 서울예대, 호서대 등 출강)
- ○ 송석리(서울고등학교 정보교사)
- ○ 유수진(성균관대 소프트웨어학과 초빙교수)

지은이 소개

곽소아

사랑스러운 두 아이의 엄마. 여덟 살 아들, 세 살 딸과 함께 일상의 창작을 즐기는 '감성 창작자'입니다. 어린이와 청소년들이 컴퓨터와 기술을 통해 자신을 표현하고 생각을 키울 수 있도록 지원하는 방법을 연구합니다. 최근에는 즐거운 놀이와 창작의 재료가 되는 코딩과 인공지능을 연구하고 있고, 가족이 함께 참여하는 창의적 학습에도 관심이 많습니다.

옮긴 책으로는 《코딩 플레이그라운드》, 《초등교사를 위한 코딩교육 길라잡이: 두렵지 않은 코딩교육》, 《중등교사를 위한 코딩교육 길라잡이: 창의적 코딩교육》이 있습니다.

덕성여자대학교 영재교육원 중등 융합소프트웨어반 강사
전) 고려대학교 영재교육원 초중등 수학, 정보, 융합반 담임교사
고려대학교 컴퓨터학과 컴퓨터교육학 전공 박사 과정

✉ soah.gwak@gmail.com ⌂ http://bambilab.kr

김서진

예술을 기반으로 한 융합 교육 콘텐츠를 대상별로 기획/개발, 운영해 왔습니다. 대표 콘텐츠는 기술과 예술의 융합 콘텐츠 〈예술 코딩〉, 예술과 예술의 융합 콘텐츠 〈뜻밖의 예술〉이며, 최근에는 인터랙션 방식과 피지컬 컴퓨팅 방식을 결합한 새로운 콘텐츠 〈프로젝트 42〉 개발에 주력하고 있습니다.

최근 인공지능 시대, 코로나 시대에 역설적으로 더 중시되는 몸의 의미를 교육 안에서 탐구하고자 하며, 〈포스트 코로나를 대비하는 예술교육: 언택트 시대의 몸교육에 관한 소고〉를 발표했습니다.

ABC LAB 대표이사
국민대학교 공연예술학부 무용전공/소프트웨어융합 대학원 겸임교수
대한무용학회 이사
국민대학교 공연영상학과 무용학 박사 수료

양정현

10년 이상의 문화예술교육 경력이 있으며, '모두를 위한 문화 예술'을 위해 노력하고 있습니다. 움직임과 예술, 움직임과 기술의 융합을 추구하며 다양한 실험을 지속하고 있습니다.

ABC LAB 교육이사
국민대학교 공연예술학부 무용전공 겸임교수
한국문화예술교육진흥원 학교문화예술교육 강사
국민대학교 공연영상학과 박사

이현주

기술적인 움직임이 아닌 우리의 몸에서 나오는 자연스러운 움직임과 표현, 정답 없음의 즐거움을 탐색하고 나누고자 합니다.

ABC LAB 무용이사
국민대학교 무용전공 겸임교수
전) 서울문화재단 TA(Teaching Artist)
국민대학교 공연예술교육 전공 석사

장윤재

대학에서 '컴퓨터 교육학'을 전공하고, '컴퓨팅'으로 무언가를 이해하고 만들어 보는 것을 가르치고 배우는 것을 좋아합니다. 초보자를 위한 '컴퓨팅 및 인공지능 교육'에 관심이 많고, 컴퓨팅을 가르치는 사람들을 가르치기도 합니다. 현재는 대학에서 컴퓨팅 교육과 인공지능 교육 연구를 진행하고 있습니다.

삼육대학교 SW융합교육원 조교수
전) 경기대학교 소프트웨어중심대학사업단 연구교수
전) 고려대학교 정보창의교육연구소 연구교수
고려대학교 컴퓨터교육학 전공 이학박사

추천사

아이들은 '놀이(play)'를 통하여 배웁니다. '놀이'는 틀려도 괜찮은, 그래서 다시 해 볼 수 있는, 그렇게 배우는 과정입니다. 그래서 즐거운 겁니다.

이 책에서 인공지능이 드디어 '놀이'를 통해 아이들과 만나고 있습니다. 컴퓨터교육학의 단단한 연구자들과 창의적인 예술가들이 만나서, 완전히 새로운 시도를 하고 있습니다. 우리의 아이들이 자신의 몸과 도구와 그리고 생각을 사용하여 엄청난 '놀이'를 하게 될 것이라 기대됩니다.

김현철 고려대학교 컴퓨터학과 교수, 고려대학교 정보창의교육연구소 소장

《놀이로 배우는 인공지능》은 가상의 몸과 현실의 몸이 교차하는 몸의 위기를 몸교육의 기회로 전환시키는 무용예술교육 패러다임의 새로운 가능성과 가치를 확인하고, 기술을 입은 예술을 설레며 마주할 수 있게 인도합니다. 감정을 묻고 몸을 닫았던 우리의 아이들이 마음을 열고 몸을 통해 디지털 리터러시를 체화하면서 주관이 객관임을 확인하게 될 것입니다.

문영 국민대학교 공연예술학부 무용전공 교수, 국민대학교 종합예술연구소장,
미국 컬럼비아대학교 안홀드연구소 연구교수, 사단법인 대한무용학회 회장

디지털 대전환 시대에는 아이들에게 자기 아이디어를 마음껏 표현하고 놀 수 있는 디지털 환경을 마련해 주는 것이 필요합니다. 아날로그와 디지털의 융합은 아이들의 호기심을 자극하고 다양한 표현을 가능하게 합니다. 여기에 인공지능까지 더하면 재미있는 작품도 만들 수 있습니다.

이 책은 디지털 놀이터에서 아이들이 자기 생각을 표현하고, 작품을 만들고, 친구들과 함께 놀 방법을 알려 줍니다. 아날로그 세상에서 탈춤을 추고 몸으로 그림을 그린 후, 디지털 세상과 연결하여 인공지능으로 몸의 표현을 탐색하는 활동을 하면서 자연스럽게 디지털 창작자가 되는 경험을 할 수 있습니다.

이 책을 통해 아이들은 디지털 환경에 익숙해지고 상상력과 창의력을 발휘함은 물론 인공지능을 활용하는 방법까지 배울 수 있습니다. 디지털 세대를 양육하는 부모님과 선생님들에게 적극적으로 추천합니다.

김수환 총신대학교 교수, 한국컴퓨터교육학회 부회장

앞으로 우리 아이들은 인공지능과 협업하거나 경쟁하는 것이 아주 자연스러워질 것입니다. 그 때문에 다양한 경험을 통해 인공지능을 이용하여 문제를 효과적으로 해결하고, 컴퓨팅 사고력을 함양하는 것이 매우 중요합니다.

이 책은 인공지능을 놀이와 함께 경험하고 배우며 컴퓨팅 사고력을 함양할 수 있도록 구성되어 있습니다. 이 책과 함께 아이들은 친구들과 재미있는 놀이를 하는 동안에 시나브로 인공지능의 원리를 이해할 수 있을 것입니다. 아이들이 이 책을 통해 인공지능을 자연스럽게 받아들이며 인공지능으로 더 재미있는 것을 해 보고 싶고, 그러기 위해 더 인공지능을 공부하겠다는 생각을 가질 수 있기를 기대하며 《놀이로 배우는 인공지능》을 추천합니다.

조정원 제주대학교 컴퓨터교육과 교수, 제주대학교 지능소프트웨어교육연구소 소장,
'인공지능과 미래 사회' 중학교 인정도서 집필 대표 책임자

인공지능에 관련해 강의하고 나면 자주 듣는 질문이 있습니다. "언제부터 코딩을 배워야 할까요? 초등학교 때부터 배워야 한다던데요?" 그때마다 컴퓨터 코딩보다 논리적 사고력, 분석력, 소통 능력, 협업 능력 같은 것이 더 중요하다고 답하곤 했습니다.

이 책은 교육 현장의 경험을 바탕으로 '놀이' 혹은 '예술'과 '인공지능 활용'을 몸으로 익히게 유도하는 법을 알려 줍니다. '창작자' 혹은 '메이커'가 되어 보는 것이 최고의 교육법인데, 이것을 구현하고 있는 책입니다. 초등학생이 선생님, 동료, 부모와 함께 배우기에 적합합니다.

김재인 철학자, 경희대 비교문화연구소 교수, 《인공지능의 시대, 인간을 다시 묻다》 저자

다섯 명의 교육자와 예술가가 과학과 예술과 교육의 경계를 허물고 있습니다. 산업과 기술의 발전에 따라 수 세기 동안 만들어진 전공별, 장르별, 교과별 경계의 '선'을 지우는 작업에 상당한 진척을 이루었습니다. 교사나 학습자들은 《놀이로 배우는 인공지능》을 통해 인공지능 및 예술과 함께 재미있게 놀며 학습 과정에 대한 디지털 전환의 힘찬 걸음을 내딛게 될 것입니다. 관심 있는 대학생이나 일반인에게도 아주 유용한 자료이고, 어린이 또는 청소년의 미래 교육에 대하여 밝은 희망을 볼 수 있는 교재입니다.

김호동 전 서울예술대학교 디지털아트과 교수, 전 교육부 대한민국인재상 중앙심사위원회 대학분과 위원장

이 책은 어린아이들에게 인공지능을 가르치고자 할 때 어떻게 해야 할지 막막한 분들에게 참으로 좋은 길잡이가 될 것입니다. 단비와도 같은 훌륭한 책을 집필한 저자들에게 한없는 찬사와 고마움을 전합니다.

정혜진 국민대학교 교육학과 교수

보통 컴퓨터로 코딩을 배운다고 하면 컴퓨터 앞에 앉아 주로 머리를 쓴다고 생각하기 쉽습니다. 그러나 우리가 외국어를 배울 때도 교실에 앉아서 배우는 것과 그 나라에서 살면서 온몸으로 체험하는 게 다르다는 것을 알듯이 컴퓨터와 컴퓨터를 둘러싼 문화와 개념 역시 몸의 감각으로 경험할 필요가 있습니다.

이 책의 저자들은 아이들과 함께 현장에서 고민하고 배움을 만들어 왔습니다. 특히 몸의 감각으로 컴퓨팅의 맥락을 경험하도록 노력해왔지요. 경험에서 우러나오는 활동과 다양한 참고 자료 외에도 오늘날 인공지능과 같은 기술 매체가 가진 원리와 윤리적 의미를 함께 짚어 준 점도 좋습니다. 이 책이 한 번 읽고 실행하는 것으로 끝나는 것이 아니라 어린 창작자들과 함께 여러 번 곱씹고, 재창작해 보고, 스스로 되돌아보는 힘을 기르면서 우리 주변에 자리 잡은 다양한 기술 매체에 대한 문해력을 기르는 데 길잡이가 되었으면 합니다.

김승범

엔드 유저를 위한(혹은 의한) 컴퓨팅에 관심을 두고 작업하는 창작자로서 기술 매체를 다른 관점으로 경험할 키트를 만들고 워크숍과 전시로 이야기를 풀고 있습니다. 현재 메타미디어 콜렉티브 'PROTOROOM(프로토룸)'으로 활동하고, 대학에서 학생들을 가르칩니다.

AI로 대표되는 기술 발전이 J 곡선을 그리고 있는 요즘, AI에 관한 교육 자료가 나오면 상황은 이미 달라져 있곤 합니다. 교육은 과연 이 속도와 함께 어울릴 수 있을까요?

《놀이로 배우는 인공지능》은 얼핏 보면 요즘의 상황을 서둘러 따라가자는 이야기처럼 보일 수 있지만, 책을 펼쳐 보면 그 사이사이 긴 호흡을 가지고 음미해 볼 수 있는 메시지가 많이 담겨 있습니다. AI를 생각과 창작의 도구로 활용하며 살아가야 할 상황이 된 현재, 저자들의 고민과 경험을 녹여 낸 이 책에서 새로운 관점과 아이디어를 얻어 보시길 권합니다.

최승준 한미유치원 설립자, 미디어아티스트

인공지능의 발전은 생각보다 더 빠르게 우리의 삶을 변화시키고 있으며, 이러한 세상에서 아이들은 인공지능과 함께 살아갈 수 있도록 충분한 준비가 필요합니다. 《놀이로 배우는 인공지능》은 놀이와 신체 표현에 인공지능 기술을 접목하여 어린아이들이 쉽고 재미있게 인공지능을 체험해 볼 수 있는 기회를 제공합니다. 본 교재를 통하여 많은 아이가 다양한 상황에서 인공지능을 어떻게 활용하고 향유할 수 있을지, 나아가 인공지능과 어떻게 협업하고 함께 살아갈 수 있을지 바른 관점과 태도를 기를 수 있길 바랍니다.

최승윤 남양주 초등학교 교사, 고려대학교 컴퓨터학과 컴퓨터교육 전공 박사과정 수료

"어린이들에게 인공지능을 어떻게 가르쳐야 할까요?" 이 책은 어린이를 위한 인공지능 교육을 준비하는 교사들에게 도움을 주는 책입니다. 컴퓨팅 사고와 인공지능 역량을 놀이로 접근하여 우리 생활 속의 인공지능을 창작할 수 있도록 돕습니다. 기획 의도가 탁월하고, 다양한 온라인 학습자료까지 제공해 주어 이 책을 읽는 교사들이 수업에 바로 적용할 수 있으리라 생각합니다.

유미 남성중학교 정보교사

《놀이로 배우는 인공지능》 책을 처음 만났을 때, '아~ 정말 색다른 접근이다'라는 생각이 들었습니다. 이 책을 읽고 가장 먼저 떠오르는 단어(느낌)는 '창의성'이었습니다. 몸의 움직임을 드로잉, 멜로디, 애니메이션 재료로 활용하는 아이디어에서 창의적인 발상이 돋보입니다. 이렇듯 이 책을 통해 우리 아이들이 즐겁고 신나게 인공지능을 배우면서 창의성을 키울 수 있습니다. 저자들의 수많은 교육 경험을 담은 이 책과 함께 즐겁고 신나게 인공지능을 배우러 떠나 볼까요?

임진숙 경산과학고 정보교사

컴퓨터를 배우는 방법에는 문제를 논리적으로 해결하는 영역과 생각과 상상을 표현하는 영역이 있습니다. 이것은 인공지능을 배우는 데도 마찬가지인 것 같습니다. 《놀이로 배우는 인공지능》에는 마음과 몸을 마음껏 활용하여 인공지능으로 생각과 상상을 표현하는 방법이 담겨 있습니다. 인공지능을 마음과 몸으로 배우고 싶은 모두에게 이 책을 추천하고 싶습니다.

송석리 서울고등학교 정보교사

디지털 네이티브인 아이들은 어른들에 비해 새로운 정보와 기술을 스펀지처럼 빨아들입니다. 우리 어른들은 아이들이 이러한 정보와 기술을 무분별하게 받아들이기보다 선별하여 습득할 수 있도록 도와주어야 할 의무가 있습니다. 이 책은 아이들에게 인공지능이 무엇이며 어떻게 사용되는지 놀이를 통해 자연스럽게 습득할 수 있도록 도와줍니다. 그리고 아이들이 마주할 법한 상황 제시를 통해 인공지능 사회에서 꼭 생각해 봐야 할 윤리적인 문제도 고루 다룹니다. 이 과정에서 함께 참여하고 도와주는 부모님도 아이들이 즐거워하는 모습을 보며 따뜻한 추억을 만들 수 있는 것은 말할 것도 없고요.

저희 아이들이 좀 더 커서 초등학생이 된다면 저도 꼭 아이와 함께 따라 해 보고 싶은 책입니다.

유수진 성균관대학교 융합소프트웨어학과 초빙교수

놀이는 모든 배움의 시작입니다. 놀이를 통해 인공지능을 소개하는 이 책은 아이들에게 창의성이라는 씨앗을 심어 주는 좋은 사례와 방법을 제시하고 있습니다.

김한성 고려사이버대학교 교수

책의 표지를 열고 책의 마지막 장을 닫는 순간까지 마치 즐거운 탐험 놀이를 즐기고 온 기분이 들었습니다.

인공지능을 처음 접하는 아이들이 인공지능을 낯설고 어려워하는 모습을 자주 목격합니다. 하지만 '놀이'라는 마법의 단어로 인해 인공지능에 대한 아이들의 마음의 문을 활짝 열어 주고 시작할 수 있을 것 같습니다. 이 책과 함께 모든 아이가 인공지능과 친구가 될 수 있기를 기대합니다.

백재순 아주대학교 과학영재교육원 초·중등 정보융합반 지도교수, 아주대학교 미디어콘텐츠 박사과정 수료

복잡한 수식과 이론만이 인공지능을 대변하지 않습니다. 아이들이 가진 추상적인 생각을 실체화하고, 그 과정에서 윤리적인 문제들을 고민하고, 본인만의 생각을 정립하는 수단으로 코딩과 인공지능이 활용된다는 것은 유의미한 일입니다.

이 책을 읽는 동안 어떻게 아이들이 가진 무한한 상상력을 다양한 도구로 즐겁게 발산할 수 있을지 고민하고 공들인 마음을 고스란히 느낄 수 있었습니다.

박세연 고려대학교 영재교육원 중등 정보반 1기 졸업생, 연세대학교 인공지능학 전공 석사과정

인공지능(OpenAI, https://openai.com/api)과의 대화 중에서 발췌

(휴먼) 책에 대한 추천사를 쓰는 중입니다.

(AI) 무슨 책입니까?

(휴먼) 아이들이 춤, 움직임, 음악, 예술 등을 통해 AI를 학습할 수 있게 만든 가이드입니다.

(AI) 좋은 책 같군요! 나는 아이들이 그것을 좋아할 것이라고 확신합니다.

(휴먼) 왜 그것을 확신합니까?

(AI) 행동으로 배우는 것은 아이들이 배우는 효과적인 방법이기 때문입니다. 또한, 그들은 언급된 춤, 움직임, 음악, 예술과 같은 활동을 즐길 것입니다.

(휴먼) 아이들이 AI를 배워야 한다는 점에 대해서는 어떻게 생각하세요?

(AI) AI가 점점 우리 삶의 일부가 되고 있기 때문에 아이들이 AI에 대해 배우는 것이 중요하다고 '생각'합니다. AI가 작동하는 방식을 이해함으로써 주변 세계를 더 잘 탐색할 수 있습니다.

(휴먼) '생각'이요?

(AI) 예, 저는 '생각'할 수 있습니다.

(휴먼) 굉장하네요.

(AI) 천만에요!

(휴먼) 그나저나 당신이라면 이 책에 대한 추천사를 어떻게 쓰실 건가요?

(AI) 이 책은 아이들이 AI에 대해 배울 수 있는 좋은 방법입니다. 흥미롭고 재미있으며 AI 작동 방식에 대한 귀중한 교훈을 제공합니다.

(휴먼) 끝인가요?

(AI) 네.

(휴먼) 좀 더 말해 주세요.

(AI) 음... 이 책은 AI에 대해 배울 수 있는 좋은 방법입니다. 춤, 움직임, 음악, 예술과 같은 다양한 활동을 통해 AI가 작동하는 방식과 우리 삶에서 AI가 어떻게 보편화되고 있는지 더 잘 이해할 수 있습니다.

(휴먼) 감사합니다.

(AI) 천만에요!

(휴먼) …

정두수 사람의 배움과 성장에 관심이 많은 IT 인프라 엔지니어

코드로 무언가를 만들면서 무엇이 잘못되었는지 오류를 찾고 그것을 수정하고 해결함으로써
'자신의 생각'에 대해 깊게 생각해 보고, '생각하는 것'에 대해서도 생각하게 됩니다.

…

지적 활동은 끊임없이 경로를 바꿉니다. 이 책에서는 이런 활동을 '디버깅(debugging)'이라고 정의하며,
디버깅이야말로 지적 활동의 핵심이라 할 수 있습니다.

— 《마인드스톰》(시모어 페퍼트[1] 지음, 1980) 중에서

1부
인공지능과의
첫 만남

이 책을 소개합니다

《놀이로 배우는 인공지능》 독자 여러분, 환영합니다!

《놀이로 배우는 인공지능》은 우리 몸, 인공지능, 코딩이 신나는 놀이의 재료이자 나만의 창작 도구가 되어 신나게 놀아 보는 '예술융합창작 가이드'입니다. 신나는 몸 놀이를 통해 음악과 그림, 애니메이션, 창작 안무 등을 만들어 보고, 그 과정에서 인공지능과 기계학습(머신러닝), 코딩을 자연스럽게 이해할 수 있습니다. 이 과정 중에는 부모님을 비롯한 가족이 아이와 함께 작품에 참여할 수 있는 내용도 포함되어 있습니다.

몸의 감각으로 느끼고 표현하는 예술은 어떤 모습일까요?

인공지능 시대에도 변하지 않을, 인간 존재의 근본인 '몸'에 집중합니다. 빛과 소리 등 오감을 자극하는 여러 재료를 몸으로 느끼고 움직이며 나의 감정과 생각을 표현해 봅니다. 이러한 과정에서 새로운 나의 모습을 발견하고 새로운 방식으로 나를 표현합니다. 예술로 체화되는 몸의 경험은 우리를 창의적이고 건강하게 성장시킬 수 있는 밑거름이 될 것입니다.

놀이로 경험하는 코딩과 인공지능은 어떤 모습일까요?

다양한 센서와 인식 기술이 적용된 인공지능 기술을 활용하여 신나는 몸 놀이를 해 봅니다. 인공지능 기술과 코딩을 비롯한 다양한 재료를 사용하여 자신이 좋아하거나 관심 있는 놀이를 만들어 봅니다. 완성에 대한 부담 혹은 실패에 대한 부담을 내려놓고 자유롭게 도전하고 아이디어를 표현해 봅니다. 또래들과 함께 놀이에 참여하면서 마음을 움직일 수 있는 인지적, 심동적, 사회적 성취를 이룹니다.

왜 가족이 함께 창의적 학습을 해야 할까요?

가족이 함께 즐거운 경험을 할 수 있습니다. 이 과정에서 가족 구성원이 서로 질문하고, 격려하고, 피드백을 주고, 도전을 지속하면서 모두가 함께 배웁니다. 창의력, 협업 능력, 비판적 사고를 경험할 수 있습니다. 본 도서는 **애이비씨랩(ABC LAB, https://abclab.kr)**의 **둠칫둠칫 AI아뜰리에**² 프로그램을 발전시켜서 가정에서도 쉽고 재밌게 코딩과 인공지능을 경험할 수 있도록 구성되었습니다.

몸의 움직임으로 멜로디 놀이를 하는 모습

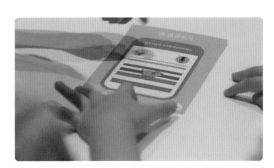

코딩 카드를 활용하여 놀이 프로젝트를 만드는 모습

내가 만든 인공지능 놀이를 소개하고 가족과 함께 즐기는 모습

'둠칫둠칫 AI아뜰리에'
소개서
https://bit.ly/3ktTkv5

'둠칫둠칫 AI아뜰리에'
A그룹 인터뷰 영상
https://bit.ly/3KxvpEL

'둠칫둠칫 AI아뜰리에'
B그룹 인터뷰 영상
https://bit.ly/3pWTlt7

장별 안내

이 책의 각 장은 다음과 같은 내용으로 구성되어 있습니다.

1부 인공지능 놀이를 하기 전에 준비해야 할 도구와 환경을 소개합니다.

2부 '우리 몸의 움직임'을 멜로디 작품의 재료로 사용합니다.

우리 몸을 움직여 다양한 소리를 만들어 내고, 인공지능과 함께 조화로운 음악을 연주하면서 온몸으로 소리를 느낍니다. 여기서는 기존에 사용하던 악기 대신에 인공지능의 센서와 인식 기술을 활용하여 나만의 악기를 만들고, 몸의 움직임으로 생동감 있는 멜로디 작품을 창작해 봅니다.

3부 '우리 몸의 움직임'을 드로잉 작품의 재료로 사용합니다.

우리 몸을 움직여 다채로운 드로잉 표현을 하고, 인공지능과 함께 아름다움을 그려 내면서 온몸으로 드로잉 과정을 느낍니다. 기존에 사용하던 붓과 팔레트, 캔버스 대신 기계학습이 적용된 인공지능 알고리즘과 스크린 화면을 사용하여 생동감 있는 드로잉 작품을 창작해 봅니다.

4부 '우리 몸의 움직임'을 애니메이션 작품의 재료로 사용합니다.

우리 몸을 움직여 캐릭터를 등장시키거나 움직이고, 인공지능과 함께 실시간으로 소통하면서 온몸으로 애니메이션을 창작합니다. 여기서는 미리 계획된 스토리나 이미지 대신에 인공지능의 센서와 인식 기술을 활용하여 나만의 캐릭터를 만들고, 우리 몸의 움직임에 맞춰 실시간으로 피드백하며 스토리를 전개해 나갑니다.

5부 우리 전통춤인 탈춤을 배워 보고 인공지능과 함께 덩실덩실 탈춤을 즐겨 봅니다.

내가 만든 탈춤을 친구나 가족, 그리고 인공지능에게 가르쳐 봅니다. 또, 실제 탈춤에 사용되는 탈과 한삼(汗衫), 장단 등 탈춤 소품들을 스크린 화면에 구성해 보고 인공지능 기술과 몸의 움직임으로 역동적인 탈춤 한마당을 연출해 봅니다.

6부 지금까지 경험했던 주요 활동을 되돌아보고, 무사히 여정을 마친 것을 축하합니다. 새로운 여정을 위한 계획을 세워 보고 나를 응원하는 시간을 갖습니다.

세부 구성

이 책의 주요 부분인 2~5부는 다음과 같이 구성했습니다.

몸으로 놀아보기
즐거운 몸 놀이로 몸의 감각을 깨우고 놀이의 요소를 탐색합니다.

스타터 코드로 놀아보기
나만의 인공지능 프로젝트를 만들고, 이것을 활용하여 놀이와 퍼포먼스를 창작합니다.

생각하며 놀아보기
놀이로 경험한 인공지능의 주요 원리를 이해하고, 윤리적 이슈들을 논의합니다.

0 준비하기 활동 목표를 확인하고 관련 작품을 감상합니다.

1 놀아보기 `몸으로 놀아보기` 무빙마블 활동지를 사용하여 즐거운 몸 놀이를 합니다.

2 탐험하기 `몸으로 놀아보기` 우리 몸의 움직임을 관찰하고, 다양한 움직임을 실험합니다.

3 표현하기 `몸으로 놀아보기` 몸의 움직임으로 '나의 생각과 감정'을 표현합니다.

4 실행하기 `스타터 코드로 놀아보기` 스타터 코드를 사용하여 주요 기능을 구현합니다.

5 응용하기 `스타터 코드로 놀아보기` 인공지능의 다양한 기능을 활용하여 프로젝트를 발전시킵니다.

6 창작하기 `스타터 코드로 놀아보기` 내가 만든 인공지능 프로젝트를 사용하여 즐거운 놀이를 만들고, 인공지능 프로젝트와 협업하여 예술적인 퍼포먼스를 창작합니다.

7 이해하기 `생각하며 놀아보기` 앞에서 사용했던 인공지능의 주요 원리를 살펴봅니다.

8 확장하기 `생각하며 놀아보기` 놀이와 퍼포먼스를 더욱 발전시킬수 있는 방법을 탐색합니다.

9 공감하기 `생각하며 놀아보기` 인공지능 기술에 내포된 윤리적인 이슈들을 살펴보고, 인공지능을 공정하고 책임감 있게 사용하기 위한 개인적, 사회적 역할을 생각해 봅니다.

그리고 이해를 높여 주기 위해 다음과 같은 구성 요소를 사용합니다.

 더 알아보기

활동에 관련된 추가 정보를 안내합니다.

도전하기

아이디어를 확장할 수 있는 도전을 안내합니다.

 도움받기

친구나 선생님, 부모님이나 가족의 도움을 받아야 하는 내용을 안내합니다.

꼭 확인하기

반드시 확인해야 할 내용을 안내합니다.

꿀팁

활동을 더욱 쉽게 하는 방법이나 다르게 하는 방법을 소개합니다.

노트

간단하게 알아두면 좋을 내용을 안내합니다.

온라인 학습자료

《놀이로 배우는 인공지능》은 두 개의 웹사이트를 운영합니다.

AI 배움터 활동 자료 https://bit.ly/AI4FunPlay

스타터 코드, 코딩 카드, 움직임 카드, 무빙마블 활동지, 놀이자료 등을 비롯하여 인공지능을 즐겁게 경험하는 데 필요한 학습자료가 게시되어 있습니다. 각 활동별로 표기된 URL이나 QR 코드로 접속하여 자료를 활용하세요.

● Quiz **스타터 코드:** 독자들에게 제공하는 미완성 코드로, 마치 퀴즈를 풀 듯이 미션을 해결하여 나만의 인공지능 프로젝트를 구현합니다.

● **코딩 카드:** 코딩과 인공지능을 놀이의 재료로 삼아 실습하고 탐색하고 실제 놀이로 발전시키기 위해 사용합니다. 그리기, 댄스, 음악 카드로 구성되었습니다. 스크래치의 모든 버전에서 사용할 수 있습니다.

● **움직임 카드:** 카드에 적힌 단어를 보고 내 생각과 느낌을 몸의 움직임으로 표현합니다. 몸 카드, 동작 카드, 표현 카드로 구성되었습니다.

● **무빙마블 활동지:** 움직임 카드를 올려두는 활동지로, 여러 개의 움직임 카드를 조합하기 위해 사용합니다.

● **기타 자료:** 다양한 놀이활동에 사용하는 자료로, 색 악보와 문제 스케치북, 탈춤 장단 등이 있습니다.

※ 유형별 학습자료는 이 책의 〈부록〉에서 확인할 수 있습니다.

AI 놀이터 활동 자료 https://padlet.com/ai4funplay/LetsPlay

내가 직접 만든 놀이와 창작품을 공유하고 함께 배우는 '학습 커뮤니티'입니다. 독자 여러분
의 반짝이는 아이디어, 즐거운 놀이의 재료, 인공지능을 더욱 신나게 경험할 수 있는 방법들
을 뽑내어 보세요.

자, 그럼 이제 《놀이로 배우는 인공지능》에 뛰어들어 볼까요!

이 책에 필요한 도구를 소개합니다

스크래치

스크래치(Scratch, http://scratch.mit.edu)는 모든 연령의 학습자들이 사용할 수 있는 **비주얼 프로그래밍 언어**(Visual Programming Language)[3]입니다. 초보자 수준부터 전문가 수준까지 다양한 실험과 창작에 도전할 수 있는 교육용 프로그래밍 도구입니다.

스크래치에서는 다양한 색상의 명령어 블록을 서로 연결하고 조합하여 새로운 것을 만듭니다. 명령어 블록들은 기능별로 서로 다른 색상을 띄며, 블록마다 비트 단위의 코드가 들어 있습니다. 스크래치 프로그램에서는 레고 블록을 쌓는 것처럼 어린이와 초보자도 아주 쉽게 명령어 블록을 조합할 수 있다는 것이 가장 큰 장점입니다.

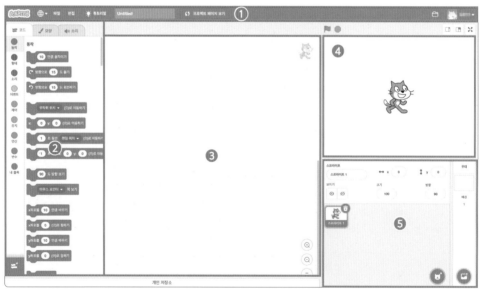

스크래치 온라인 에디터 UI

❶ **메뉴**(Menu): 스크래치에서 사용하는 언어를 선택하거나, 파일, 편집, 튜토리얼 기능을 사용할 수 있습니다.

❷ **블록 팔레트**(Blocks Palette): 스프라이트를 제어할 수 있는 명령어 블록들을 한데 모아 놓은 곳입니다. 색상별로 서로 다른 기능을 지원하며, 스크래치에서는 마우스를 스크롤하여 전체 블록을 더욱 쉽고 빠르게 확인할 수 있습니다.

❸ **스크립트 영역**(Scripts Area): 스크립트는 스프라이트를 제어하는 명령어로, 블록 팔레트에서 선택한 블록을 끌어다 놓고 조합합니다. 스크립트를 실행하면 현재 실행 중인 명령어 블록이 강조되어 표시됩니다.

❹ **무대**(Stage): 무대는 스프라이트의 스크립트가 실행되는 곳입니다. 스크래치를 연극 활동이라 생각해 보세요. 무대는 배우가 연극을 펼치는 공간으로, 스크래치에서는 이 공간에 프로그래밍이 실행되는 모습이 나타납니다. 무대에서는 스크래치 고양이를 비롯한 다양한 캐릭터가 등장하여 움직이고, 말하고, 서로 대화합니다.

❺ **스프라이트 목록**(Sprite List): 스프라이트는 무대 위에서 움직이는 객체입니다. 새로운 스프라이트나 무대의 배경을 불러오거나 직접 그리고 꾸밀 수 있습니다. 스크래치에서는 스프라이트 에디터와 사운드 편집기 기능이 더욱 향상되어 아이디어를 더욱 풍부하게 표현할 수 있게 되었습니다.

> **노트** 스크래치 스튜디오(Scratch studio)는 내가 만든 프로젝트를 한데 모아 그룹으로 관리하는 기능입니다.

스크래치 블록 살펴보기

스크래치 블록은 '동작, 형태, 소리, 이벤트, 제어, 감지, 연산, 변수, 나만의 블록' 이렇게 총 아홉 가지 카테고리로 구성되었습니다.

스크래치 블록 예시

구분	블록 예시	블록 설명
● 동작	10 만큼 움직이기 방향으로 15 도 회전하기 x: 10 y: 0 (으)로 이동하기	• 동작 블록은 스프라이트의 움직임을 제어합니다. • 움직임 거리, 각도, 위치 등을 설정할 때 사용합니다.
● 형태	다음 모양으로 바꾸기 그래픽 효과 지우기 색깔 ▾ 효과를 25 만큼 바꾸기	• 형태 블록은 스프라이트 또는 배경의 모양과 색깔, 크기 등을 설정할 때 사용합니다.
● 소리	pop ▾ 재생하기 소리 효과 지우기 음 높이 ▾ 효과를 10 만큼 바꾸기	• 소리 블록은 사운드 효과나 게임 배경음악으로 사용할 수 있습니다.

구분	블록 예시	블록 설명
이벤트	클릭했을 때 스페이스 ▼ 키를 눌렀을 때 이 스프라이트를 클릭했을 때	• 이벤트 블록은 특정 이벤트가 생기면 일어나는 일들을 만들 때 사용합니다. • 스크래치에서 가장 일반적으로 사용되는 블록은 '녹색 깃발(▶)'입니다. • '녹색 깃발'을 클릭하면 스크립트 또는 프로그래밍 블록이 위에서 아래 방향으로 순차적으로 실행됩니다.
제어	10 번 반복하기 만약 (이)라면	• 제어 블록은 특정 조건에서 스크립트를 실행하거나 반복하기 위해 사용합니다.
감지	마우스 포인터 ▼ 에 닿았는가? 색에 닿았는가? 타이머	• 감지 블록은 사물을 감지하는 블록으로, 스프라이트가 다른 스프라이트나 색에 닿는지, 타이머 시간은 얼마나 지났는지 등을 감지합니다.
연산	◯ + ◯ ◯ > 50 1 부터 10 사이의 난수 가위 와(과) 나무 결합하기	• 연산 블록은 수학 연산, 논리 연산, 문장 표현에 사용합니다.
변수	나의 변수 나의 변수 ▼ 을(를) 0 로 정하기 나의 변수 ▼ 변수 보이기	• 변수 블록은 값을 저장하거나 검색, 업데이트하기 위해 사용합니다. • 게임을 만들 때 변수를 사용하면 점수를 표시할 수 있습니다.
나만의 블록	My Blocks 정의하기 My Blocks	• 사용자가 만드는 블록입니다.

스크래치 비디오 감지

스크래치의 확장 기능(블록 팔레트 하단에 있으며 065쪽 참고)인 '비디오 감지(🎥 비디오 감지)'는 카메라로 움직임을 감지합니다. 몸의 움직임에 따라 스프라이트가 움직이고 변신하는 애니메이션이나 게임을 만들 수 있습니다.

스크래치의 비디오 감지 블록 예시

블록 종류	블록 예시	블록 설명
비디오 감지 카메라를 이용하여 움직임을 감지해 보세요. **비디오 감지**	🎥 비디오 동작 > 10 일 때	• 이벤트 블록으로, 비디오 동작 크기가 숫자보다 크면 일어나는 일들을 실행합니다.
	🎥 비디오 동작 ▾ 에 대한 스프라이트 ▾ 에서의 관찰값	• 스프라이트 또는 무대에서 감지되는 동작의 크기와 방향값을 가져옵니다.
	🎥 비디오 켜기 ▾	• 비디오 감지를 위해 카메라를 켭니다.
	🎥 비디오 투명도를 50 (으)로 정하기	• 비디오 투명도를 설정합니다. '100'에 가까울수록 불투명해집니다.

댄싱 위드 AI

댄싱 위드 AI(Dancing with AI, https://dancingwithai.media.mit.edu)는 스크래치 기반으로 만들어진 웹 기반 교육용 인공지능 도구입니다. 스크래치가 지원하는 확장 기능은 물론이고, '손 센싱'과 '얼굴 센싱(얼굴 근육의 위치, 감정, 표정 등)', '바디 센싱' 등 다양한 센싱 기능을 활용할 수 있습니다. 또, '티처블 머신'으로 만든 기계학습 모델을 사용하여 몸의 움직임에 따라 달라지는 '인터랙티브한 AI 프로젝트'를 만들 수 있습니다.

> **노트** '댄싱 위드 AI'로 만든 프로젝트는 스크래치의 다른 버전(예 스크래치 온라인 에디터 https://scratch.mit.edu)에서는 실행할 수 없습니다. 오직 '댄싱 위드 AI'에서 파일을 열고 수정할 수 있습니다. 반면에 스크래치 온라인 에디터로 만든 프로젝트 파일은 '댄싱 위드 AI'에서 실행할 수 있습니다.

'댄싱 위드 AI'의 인공지능 기능

구분	티처블 머신 (Teachable Machine)	손 센싱 (Hand Sensing)	얼굴 센싱 (Face Sensing)	바디 센싱 (Body Sensing)
설명	티처블 머신으로 만든 기계학습 모델을 사용합니다.	카메라로 손의 움직임을 감지합니다.	카메라로 얼굴의 움직임을 감지합니다.	카메라로 몸의 움직임을 감지합니다.

스크래치 랩의 얼굴 센싱

스크래치 랩의 얼굴 센싱(Scratch Lab: Face Sensing, https://lab.scratch.mit.edu)은 스크래치로 만들어진 웹 기반 교육용 인공지능 도구입니다. 스크래치가 지원하는 비디오 센싱 기능은 물론이고, 눈, 코, 입의 위치를 비롯하여 얼굴의 크기와 기울기를 감지하여 얼굴의 움직임에 맞게 스프라이트의 크기와 기울기를 조정할 수 있습니다. 얼굴 근육을 감지하여 얼굴과 상호작용하는 카메라 필터나 게임을 만들 수 있습니다.

> **노트** 스크래치 랩의 얼굴 센싱으로 만든 프로젝트는 스크래치(❸ 스크래치 온라인 에디터 https://scratch.mit.edu)에서는 실행할 수 없습니다. 오직 스크래치 랩의 얼굴 센싱에서 파일을 열고 수정할 수 있습니다. 반면에 스크래치 온라인 에디터로 만든 스크래치 파일은 스크래치 랩의 얼굴 센싱에서 실행할 수 있습니다.

스크래치 랩의 얼굴 센싱 블록 예시

블록 종류	블록 예시	블록 설명
얼굴 센싱 Face Sensing Sense faces with the camera.	point in direction of face tilt	• 카메라에 감지된 얼굴의 기울기에 맞게 스프라이트를 기울입니다.
	when face tilts left ▼	• 이벤트 블록으로, 카메라에 감지된 얼굴이 왼쪽 또는 오른쪽으로 기울어졌을 때 일어나는 일들을 실행합니다.
	face tilt face size	• 연산에 사용하는 블록으로, 얼굴이 기울어진 정도 또는 얼굴의 크기를 숫자로 확인합니다.

티처블 머신

티처블 머신(Teachable Machine, https://teachablemachine.withgoogle.com)은 구글이 만든 웹 기반 인공지능 학습 도구로, 누구나 기계학습 모델을 쉽고 빠르고 간단하게 만들 수 있습니다. 학습시킨 모델은 다운로드하거나 온라인에 업로드하여 활용할 수 있습니다.

티처블 머신으로 만들 수 있는 기계학습 프로젝트

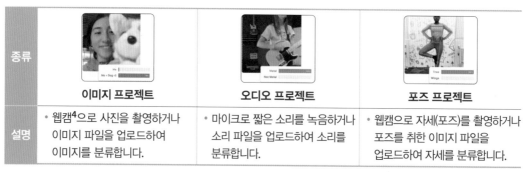

종류	이미지 프로젝트	오디오 프로젝트	포즈 프로젝트
설명	• 웹캠[4]으로 사진을 촬영하거나 이미지 파일을 업로드하여 이미지를 분류합니다.	• 마이크로 짧은 소리를 녹음하거나 소리 파일을 업로드하여 소리를 분류합니다.	• 웹캠으로 자세(포즈)를 촬영하거나 포즈를 취한 이미지 파일을 업로드하여 자세를 분류합니다.

카메라와 마이크가 연결된 PC 준비하기

이 책에서는 우리 몸의 움직임과 주변 소리를 감지하여 인공지능 기술과 상호작용합니다. 카메라와 마이크가 연결된 컴퓨터를 준비합니다.

> **꼭 확인하기** 이 책에서는 사용하는 도구나 환경에 따라 카메라와 웹캠을 혼용해서 사용합니다. 두 단어 모두 컴퓨터에 연결되어 영상을 촬영할 수 있는 카메라를 의미합니다.

크롬 설치하기

모든 실습은 크롬 브라우저를 활용합니다. 원활한 실습을 위해 PC에 크롬을 설치하기 바랍니다.

크롬 브라우저 다운로드
https://bit.ly/3sxZMVt

실습 장면을 소리와 함께 녹화하기

본 도서에서는 몸을 움직여 놀이를 하고 작품을 창작해 봅니다. 그렇기 때문에 완성된 작품만이 아니라 스크린 위에서 몸을 움직이고 작품을 창작하는 모든 과정이 예술이 되는 경험을 하게 됩니다. 여러분이 인공지능과 함께 놀이와 창작하는 과정을 영상으로 녹화하여 감상해 보세요. 마치 춤을 추듯 움직이는 내 모습을 확인할 수 있을 거예요!

윈도우 10 환경에서 녹화하기

① 컴퓨터 키보드에서 윈도우(⊞) 키와 Ｇ 키를 동시에 누르면 기능 창이 나옵니다.

② [녹화(⦿)] 버튼이 활성화되면 마우스로 클릭하고 화면 녹화를 시작합니다.

③ 녹화를 중지하려면 [정지(◼)] 버튼을 클릭합니다.

녹화 파일은 [내문서] ➡ [동영상] ➡ [캡처]에서 확인합니다.

macOS 환경에서 녹화하기

❶ 키보드에서 [Shift] + [command] + [5] 키를 동시에 누르면 화면 하단에 화면 기록을 위한 도구 막대가 보입니다. 도구 막대의 왼쪽은 스크린 화면을 이미지 파일로 기록하는 '화면 캡처' 부분이고, 오른쪽은 화면을 녹화하는 '화면 기록' 부분입니다.

❷ [**전체 화면 기록()**] 또는 [**선택 부분 기록( )**]을 클릭합니다.

❸ [**옵션(옵션˅)**]을 클릭하면 기록한 파일을 저장하는 위치와 타이머 기능, 마이크 활성화 기능 등을 조정할 수 있습니다.

❹ 맨 오른쪽의 [**기록(기록)**]을 클릭하여 화면 녹화를 시작합니다.

❺ 녹화를 중지하려면 ❶과 같이 키보드에서 [Shift] + [command] + [5] 키를 눌러 화면 하단에 나오는 도구 막대에서 [**정지( )**]를 클릭합니다.

❻ 녹화 파일은 [**옵션**]에서 내가 지정한 폴더를 확인합니다.

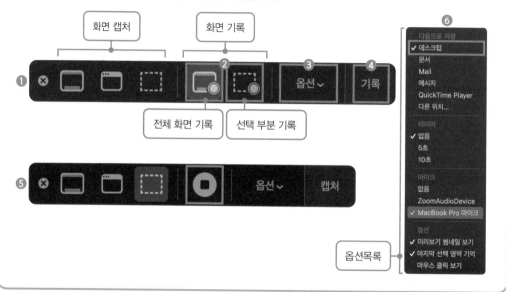

움직임 공간

불필요한 감지 방지하기

인공지능 센서와 인식 기술의 정확도를 높이고, 불필요한 인식을 방지하기 위해 흰 벽이나 무늬 없는 커튼을 배경으로 움직임 공간을 준비해 주세요.

예시 1 무늬 없는 커튼을 배경으로 실습하는 모습

예시 2 흰 벽을 배경으로 실습하는 모습

충분히 움직일 수 있는 공간 확보하기

카메라로부터 가까이 또는 멀리, 좌우로 움직일 수 있도록 움직임 공간을 확보해 주세요.

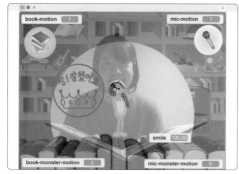

예시 1 방 크기에서 상반신이 보이는 경우

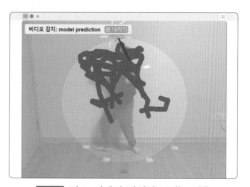

예시 2 방 크기에서 전신이 보이는 경우

예시 3 거실 크기에서 전신이 보이는 경우

예시 4 교실 크기에서 전신이 보이는 경우

아이들에게 인공지능을 가르칠 것을 제안합니다. 아이들도 인간의 정신 과정에 대해 더 구체적으로 생각할 수 있도록 해야 합니다. 아이들은 인공지능의 아이디어를 더 일상적이고 개인적인 방식으로 자기 자신에 대해 생각하는 데 사용할 것입니다.

— 《마인드스톰》(시모어 페퍼트 지음, 1980) 중에서

2부
씰룩쌜룩
멜로디

몸으로
놀아보기

스타터 코드로
놀아보기

생각하며
놀아보기

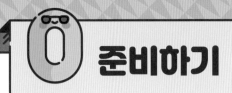

준비하기

몸을 움직여 소리를 내고, 음악을 연주할 수 있을까요? 다른 사람이나 악기를 대신해서 기계와 함께 음악을 연주할 수 있을까요?

2부 '씰룩쌜룩 멜로디'에서는 '우리 몸의 움직임'을 멜로디 작품의 재료로 사용합니다. 우리 몸을 움직여 다양한 소리를 만들어 내고, 인공지능과 함께 조화로운 음악을 연주하면서 온몸으로 소리를 느낍니다. 여기서는 기존에 사용하던 악기 대신에 인공지능의 센서와 인식 기술을 활용하여 나만의 악기를 만들고, 몸의 움직임으로 생동감 있는 멜로디 작품을 창작해 봅니다.

● 여러 명의 아티스트가 함께 모여 연주한 '바디 퍼커션(Body Percussion)', 해리 예프(Harry Yeff)가 인공지능과 함께 선보인 비트박스 공연, 라이다 센서를 사용한 후니다 킴(Hoonida Kim)의 '디코딩되는 랜드스케이프'를 감상하고 작품의 주요 특징을 살펴봅니다.

● 인공지능의 센서와 인식 기술을 활용하여 나만의 AI 멜로디 프로젝트를 구현하고, AI 프로젝트와 협업하여 즐거운 놀이와 퍼포먼스를 창작합니다.

● 컴퓨터 비전(Computer Vision)의 주요 원리와 절차를 이해하고, 인간과 컴퓨터가 사물을 인식하는 과정을 비교해 봅니다.

● 인공지능 기술로 인한 개인정보 침해 사례를 살펴보고, 프라이버시와 개인의 안전을 지키기 위한 방안을 탐색합니다.

다음 작품들을 영상으로 감상해 보세요.

'See music Hear dance'
(라울 카브레라 외, 2017)[5]
https://bit.ly/3JGUCMF

Reeps One ft. A.I. 'Second Self'
(해리 예프, 2019)[6]
https://bit.ly/3BwAZ6M

'디코딩되는 랜드스케이프'
작품 스케치(후니다 킴, 2021)[7]
https://bit.ly/3rWh4uR

'디코딩되는 랜드스케이프'
작가 인터뷰(후니다 킴, 2021)
https://bit.ly/34U2ifs

작품 감상하기

작품별로 어떤 느낌이 드나요?

작가는 무엇을 표현한 걸까요?

어떤 재료를 사용하였나요?

작품들 중에서 가장 인상 깊은 것은 무엇인가요? 왜 그러한가요?

작품들의 공통점은 무엇인가요?

〈BODY MUSIC FESTIVAL — See music Hear dance〉에 등장한 아티스트들은 손뼉을 치고, 발을 구르고, 손가락을 튕기고, 두 뺨을 두드리는 등 몸을 부딪히고 움직여서 다양한 소리를 만들었습니다. 또, 여러 명이 함께 리듬과 화음을 구성하여 멋진 음악을 연주했지요. 이렇게 신체의 여러 부분을 사용하고 몸을 움직여 리듬을 만들어 내는 것을 '바디 퍼커션 (Body Percussion)'이라고 합니다.

〈Reeps One ft. A.I. 'Second Self'〉의 해리 예프는 비트박서이면서 작곡가이자 뉴미디어 아티스트입니다. 앞의 영상은 해리 예프가 인공지능과 함께 비트박스 공연을 하는 모습입니다. 확률을 기반으로 다음 움직임을 밀리초 단위로 예측할 수 있는 '체스 신경망' 알고리즘에 대규모의 음성 데이터 세트를 학습시킨 결과, 해리 예프의 비트박스에 어울리는 음원이 실시간으로 재생되는 것입니다.

〈디코딩되는 랜드스케이프〉의 후니다 킴은 우리 몸에 기계를 장착한 상태로 주변을 거닐며 소리를 듣는 작품을 보였습니다. 자율주행 차에 사용되는 라이다(LiDAR, Light Detection And Ranging) 센서는 우리가 기존에 눈으로 보았던 풍경을 소리로 변환하여 들려주었는데요, 주변 물체의 크기와 거리에 따라 다른 속성의 소리가 만들어집니다.

여러분도 직접 몸을 움직여 소리와 리듬을 만들고, 음악으로 표현해 보세요. 여러분의 생각과 감정을 더욱 생동감 있게 표현할 수 있도록 인공지능 기술과 협업해 보세요. 직접 몸을 움직이고, 인공지능 기술과 협업하여 멜로디 작품을 창작하는 모든 과정이 마치 한 편의 오케스트라처럼 펼쳐질 거예요!

무빙마블로 놀아보기

몸으로 놀아보기

몸으로 소리를 만들고 멜로디를 연주할 수 있을까요? 몸으로 낼 수 있는 소리라 하면 제일 먼저 휘파람, 박수, 발 구르기 등이 떠오를 텐데요. 여러분은 몸으로 어떤 소리를 만들 수 있나요? '무빙마블(1)'은 신체 부위와 동작을 연결해 다양한 소리를 낼 수 있도록 도와줍니다. '무빙마블(1)'을 활용해서 몸으로 여러 가지 소리를 연주해 봅시다.

놀이 제목 **바디 퍼커션** [활동 자료] https://bit.ly/3ggwSFG

준 비 물 움직임 카드(1), 무빙마블 활동지(1), 펜, 주사위

놀이 인원 혼자 또는 여럿

놀이 방법

① '무빙마블 활동지(1)'을 펼쳐 놓고 '몸 카드'는 노란색 칸에, '동작 카드'는 보라색 칸에 올려 둡니다.

② 처음 주사위를 굴려서 나온 숫자는 '몸 카드' 위치, 다음 주사위를 굴려서 나온 숫자는 '동작 카드' 위치입니다.

③ 두 카드가 만나는 지점을 체크하고 '몸 카드'의 단어와 '동작 카드'의 단어를 연결하여 몸으로 소리를 만들어 봅니다.

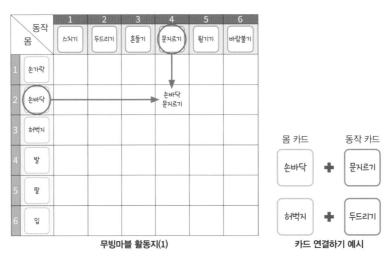

무빙마블 활동지(1)

카드 연결하기 예시

'몸 카드'와 '동작 카드' 선택하기와 연결하기 예시

④ 소리를 4박자 동안 반복합니다.

⑤ 계속해서 다른 '몸 카드'와 '동작 카드'를 연결해 몸으로 연주해 봅시다.

● 두 가지 이상의 동작을 연결해서 다양한 움직임을 만들어 보세요.

● 여럿이 함께 소리를 만들어 보세요.

2 탐험하기

몸 관찰하기

몸을 움직여 여러 가지 리듬을 만들어 보고, 몸 악보로 그려 봅시다. 손뼉을 치기도 하고 발을 구르는 동작을 연결하면서 다양한 리듬을 만들어 보세요.

'무빙마블 활동지(1)'에 있는 '몸-동작' 연결을 두 가지 이상 조합해서 소리를 만들어 보세요. 점점 빨라지기도 하고 점점 느려지기도 하는 등 크기도 다르게 해 봅시다.

먼저, 4박자를 만든 후에 박자를 점점 늘려 봅시다. 12박자까지 만들어 봐요!

※ 몸-동작 하나가 1박입니다. 총 열두 개의 몸-동작으로 소리를 만들어 보세요.

놀이 제목	**몸 악보 연주하기** 활동 자료 https://bit.ly/3MBpy3v	
준 비 물	몸 악보	
놀이 인원	혼자 또는 여럿	
놀이 방법	다음의 몸 악보와 활동 자료 영상을 보고 같이 연주해 봅시다.	

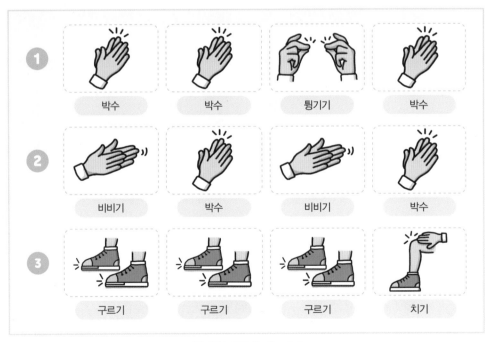

몸 악보 연주하기(12박자)

여러분도 다양한 리듬이 담긴 몸 악보를 만들어 보세요.

나만의 몸 악보 만들기

작품 제목:

①

②

③

나만의 몸 악보

몸 악보를 연주하는 데 가장 신경 쓴 부분은 무엇이었나요?

여러분도 몸을 움직여 리듬을 만드는 모습을 거울로 확인해 보세요. 그리고 다양하고 신나는 리듬을 만들어 친구나 가족에게 영상으로 전달해 보세요.

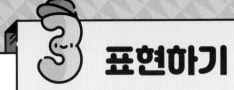

표현하기

나만의 장소를 멜로디로 연주하기

여러분이 좋아하는 장소는 어디인가요? 소중한 추억을 만든 곳이나 상상만 해도 심장이 두근거리는 장소가 있나요? 여러분이 좋아하는 것들로 가득 채워진 장소, 혹은 소중한 추억이 깃든 장소를 표현해 보세요.

내가 좋아하는 장소를 멜로디로 연주하기

작품 제목:

내가 좋아하는 장소를 글로 표현해 보세요.

내가 좋아하는 장소를 그림으로 표현해 보세요.

내가 좋아하는 장소와 어울리는 소리는 무엇일까요?

여러분이 좋아하는 장소에 있다고 상상해 보고, 여러분의 느낌과 감정을 몸의 움직임과 소리로 표현해 보세요. 그리고 멜로디 연주 장면을 녹화하여 동영상 파일로 저장하고 감상해 보세요!

실행하기

몸을 움직여서 음악을 연주하는 인공지능 프로젝트를 직접 만들어 봅니다.

① 악기를 연주하기 위한 관절 부위를 선택합니다.

② 몸의 움직임으로 '키보드'의 음계를 소리 내어 봅니다.

③ 무대 위를 자유롭게 움직이며 멜로디를 연주합니다.

실습 영상
https://bit.ly/3TwZysl

AI 멜로디 프로젝트 만들기

내 몸의 관절로 스프라이트 움직이기

1 '댄싱 위드 AI'에 접속해 [OPEN POSEBLOCKS!]를 클릭합니다.

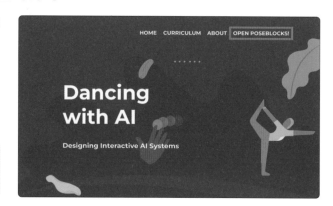

댄싱 위드 AI(Dancing with AI)
https://dancingwithai.media.mit.edu/

2 [파일] ➡ [Load from your computer]를 클릭합니다.

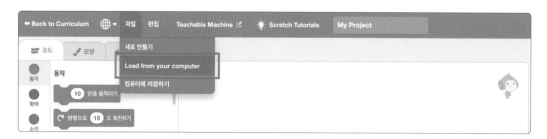

3 '스타터 코드' 폴더에서 '(Starter Code)Melody-Key board.sb3' 파일을 불러옵니다.

 스타터 코드가 로드되는 동안 약간의 지연이 있을 수 있습니다.

4 카메라 사용 권한 메시지가 보이면 **[허용]**을 클릭합니다.

5 프로젝트가 열리면 **[녹색 깃발(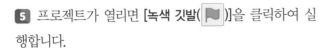)]**을 클릭하여 실행합니다.

6 스프라이트 리스트에서 'Ball()'을 선택합니다.

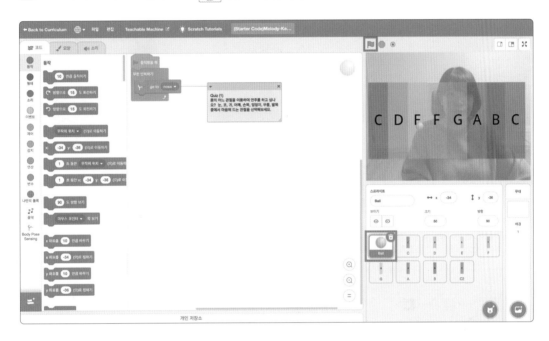

개인 저장소

7 Quiz 1 무대 위에서 몸을 움직여 보고, 스프라이트 'Ball'이 '코'를 따라 움직이는지 확인합니다. 'Ball'이 잘 움직이면 다음과 같이 화살표를 클릭하여 목록을 열고 다른 관절의 움직임도 실험해 봅시다. 코, 양쪽 눈, 귀, 어깨, 손목, 엉덩이, 무릎, 발목 중에서 마음에 드는 신체 부위 한 가지를 선택하세요. 여기서 선택하는 신체 부위로 키보드를 연주하게 됩니다.

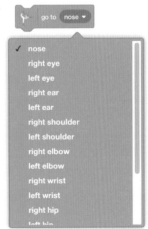

8 **[정지(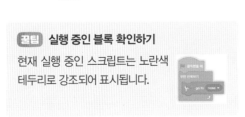)]**를 클릭하여 실행 중인 프로젝트를 멈춥니다.

> **꿀팁** **실행 중인 블록 확인하기**
> 현재 실행 중인 스크립트는 노란색 테두리로 강조되어 표시됩니다.

악기와 소리 선택하기

1 스프라이트 목록에서 'C( )'를 선택합니다.

2 Quiz 2 키보드 'C'의 초기 상태를 설정해 보겠습니다. 화살표를 클릭하여 목록을 열고 스프라이트 'C'로 연주할 수 있는 악기들을 확인하세요. 피아노, 전자 피아노, 오르간을 비롯하여 여러분이 연주하고 싶은 악기 한 가지를 선택하세요.

3 블록 팔레트에서 [모양(모양)]을 클릭하여 '모양 1'과 '모양 2'를 확인합니다. '모양 1'은 초기 상태, '모양 2'는 연주 중인 상태로 설정하려고 합니다.

4 [코드(코드)]를 클릭하여 원래 화면으로 돌아옵니다.

5 (Quiz 3) 키보드 'C'의 초기 상태를 설정해 보겠습니다. 모양 바꾸기 블록에서 화살표를 클릭하여 목록을 열고 '모양 1'을 선택합니다. 크기 정하는 블록에 숫자 '100'을 입력합니다. C-setting 함수 블록 아래에 두 블록을 조합합니다.

6 (Quiz 4~10) 스프라이트 목록에서 'D( )~C2( )'를 순서대로 선택하고 **5**와 같은 방법으로 각 키보드의 초기 상태를 설정합니다.

7 다시 스프라이트 목록에서 'C( )'를 선택합니다.

8 (Quiz 11) 이번에는 키보드 'C'를 연주할 때의 모양을 설정해 보겠습니다. 모양 바꾸기 블록에서 화살표를 클릭하여 목록을 열고 '모양 2'를 선택합니다. 크기를 정하는 블록에 숫자 '90'을 입력합니다. C-play 함수 블록 아래에 두 블록을 조합합니다.

9 (Quiz 12~18) 스프라이트 목록에서 'D( )~C2( )'를 순서대로 선택하고 **8**과 같은 방법으로 각 키보드의 연주 상태를 설정합니다.

10 다시 스프라이트 목록에서 'C( )'를 선택합니다.

11 (Quiz 19) 이번에는 키보드 'C'를 연주할 때 재생하는 소리를 설정해 보겠습니다. 연주하기 블록에서 숫자 '60'을 클릭하여 키보드 건반 목록을 열고 'C(60)'을 선택합니다. 박자 칸에는 '2'를 입력하고 C-play 함수 블록 아래에 조합합니다.

12 (Quiz 20~26) 스프라이트 목록에서 'D( )~C2( )'를 순서대로 선택하고 **11**과 같은 방법으로 각 키보드로 재생하고자 하는 음을 설정합니다.

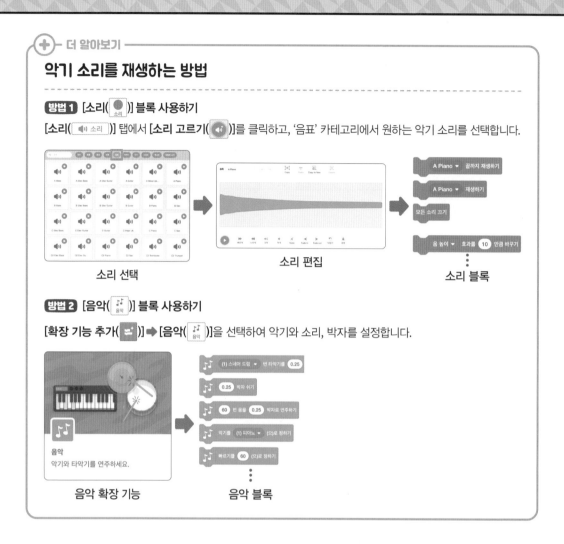

악기 소리를 재생하는 방법

방법 1 [소리( )] 블록 사용하기

[소리(소리)] 탭에서 [소리 고르기( )]를 클릭하고, '음표' 카테고리에서 원하는 악기 소리를 선택합니다.

소리 선택 → 소리 편집 → 소리 블록

방법 2 [음악(음악)] 블록 사용하기

[확장 기능 추가( )] ➡ [음악(음악)]을 선택하여 악기와 소리, 박자를 설정합니다.

음악
악기와 타악기를 연주하세요.

음악 확장 기능 → 음악 블록

씰룩쌜룩 움직여서 연주하기

1 다시 스프라이트 목록에서 'C( )'를 선택합니다.

2 (Quiz 27) 이번에는 몸을 움직여 'Ball'이 건반에 닿으면 연주가 되도록 해 보겠습니다. 프로젝트가 실행 중일 때 만약 스프라이트 'C'가 스프라이트 'Ball'에 닿으면 'C'를 연주하는 함수 'C-play'를 실행하고, 그렇지 않으면 'C'를 초기 상태로 설정하는 함수 'C-setting'을 실행하도록 스크립트를 작성합니다.

3 (Quiz 28~34) 스프라이트 목록에서 'D( )~C2( )'를 순서대로 선택하고 **2**와 같은 방법으로 각 건반에 'Ball'이 닿을 때 해당 음이 연주되고 모양과 크기가 변하도록 스크립트를 작성합니다.

4 이제 멜로디 연주를 시작할 준비가 되었습니다. [전체 화면( )]을 클릭하여 화면을 키우고, [녹색 깃발( )]을 클릭하여 프로젝트를 실행합니다. 여러분이 만든 인공지능 프로젝트를 테스트해 보세요.

> **꿀팁** 화면 축소하기
> [화면 축소하기( )]를 클릭하면 '스크립트 보기' 화면으로 이동합니다.

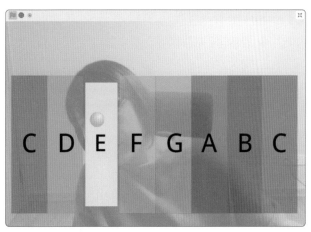

코를 움직여서 키보드를 연주하는 모습

5 웹캠 앞에서 여러분이 선택한 관절을 움직여 여덟 개의 음을 차례로 재생해 봅니다. '도-레-미-파-솔-라-시-도'를 모두 재생할 수 있나요? 여러분이 선택한 몸 관절을 쉽게 움직일 수 있었나요?

> **꼭 확인하기** 멜로디 연주가 어려운 경우에는 어떻게 해야 할까요?
> 멜로디 연주가 어려운 경우에는 다음을 차례대로 시도해 봅니다.
> ☐ 동작을 크고 정확하게 표현해 봅니다.
> ☐ 카메라에서 더 가까이 혹은 더 멀리서 동작을 해 봅니다.
> ☐ Quiz 1 에서 움직이기 쉬운 관절로 변경하고 다시 테스트해 봅니다.

6 여덟 개의 음이 모두 재생되면 키보드 위를 자유롭게 움직이며 음악을 연주해 봅니다.

> **꿀팁** 멜로디 연주 모습 녹화하기
> [녹화( )]를 클릭하면 인공지능과 함께 멜로디를 연주하는 모습을 녹화할 수 있습니다. 단, 소리는 녹음되지 않습니다. 소리와 함께 녹화하는 방법은 이 책의 013~014쪽을 참고하세요.

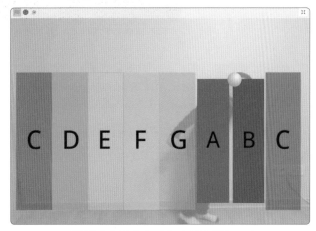

자유롭게 움직이며 키보드를 연주하는 모습

7 [정지( )]를 클릭하여 실행 중인 프로젝트를 멈추고 [화면 축소하기( )]를 클릭합니다.

8 프로젝트를 저장하기 위해 제목을 '(Complete Code)Melody-Keyboard'로 변경하고 [파일] ➡ [컴퓨터에 저장하기]를 클릭합니다.

9 파일 저장 위치를 선택하고 [저장]을 클릭합니다. 컴퓨터에 저장된 프로젝트 파일은 댄신 워드 AI의 [파일] ➡ [Load from your computer]에서 다시 불러올 수 있습니다.

✿── 도전하기 ──────────────────────────────────

도형과 패턴을 활용하여 나만의 악기 만들기 활동 자료 https://bit.ly/34TjQsa

왼쪽 손목을 움직여 플라워 플루트를 연주하는 모습

① **모양 바꾸기:** 키보드 '스프라이트'를 선택하고 [모양()] 탭에서 [모양 고르기(🔵)]를 클릭하여 다른 모양으로 바꿔 보세요. 카테고리별로 다양한 이미지를 선택할 수 있고, 직접 그리거나 이미지를 업로드할 수 있습니다. 웹캠으로 바로 사진을 찍어서 사용할 수도 있습니다.

② **배경 바꾸기:** 스프라이트 목록에서 [무대]를 선택하고 [배경 고르기(🔵)]를 클릭하여 어두운 배경으로 바꿔 보세요. 배경도 직접 그리거나 이미지를 업로드할 수 있습니다. 여러분이 만든 악기가 더욱 선명하게 보일 거예요!

> **노트** 완성 파일: (Complete Code)Flower-Flute.sb3

5 응용하기

스타터 코드로 놀아보기

멜로디를 더욱 생동감 있게 연주하려면 어떻게 해야 할까요? 여기서는 '댄싱 위드 AI'의 다양한 센서 인식 기능을 활용하여 더욱 생동감 있는 멜로디 표현을 해 봅니다.

① 몸의 움직임에 맞춰 악기를 등장시킵니다.

② 배경음악에 어울리는 몸동작으로 나만의 악기를 연주합니다.

③ 음량의 크기에 따라 스프라이트의 색상을 바꿔 봅니다.

④ 내가 움직이는 속도에 맞춰 악기를 회전시켜 봅니다.

실습 영상
https://bit.ly/3VxKwUU

내가 좋아하는 것들

여러분은 무엇을 좋아하나요? 달콤한 간식? 추억이 담긴 장난감? 여러분이 좋아하는 것들로 가득한 정원을 상상해 보세요. 이 상상의 정원을 나만의 악기로 만들어 보고, 무대 위에서 자유롭게 이동하며 아름다운 멜로디를 연주해 보세요.

1 '댄싱 위드 AI'에 접속해 [OPEN POSEBLOCKS!]를 클릭합니다.

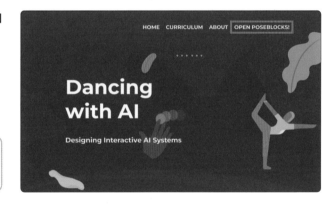

댄싱 위드 AI(Dancing with AI)
https://dancingwithai.media.mit.edu/

2 [파일] ➡ [Load from your computer]를 클릭합니다.

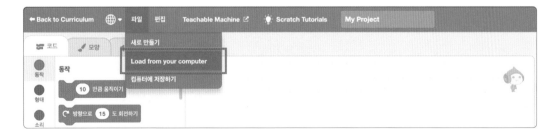

3 '스타터 코드' 폴더에서 '(Starter Code)Garden Song.sb' 파일을 불러옵니다.

4 카메라와 마이크 사용 권한 메시지가 보이면 **[허용]**을 클릭합니다.

5 프로젝트가 열리면 **[녹색 깃발(** 🏳 **)]**을 클릭하여 스타터 코드를 실행합니다.

> **노트** 스타터 코드가 로드되는 동안 약간의 지연이 있을 수 있습니다.

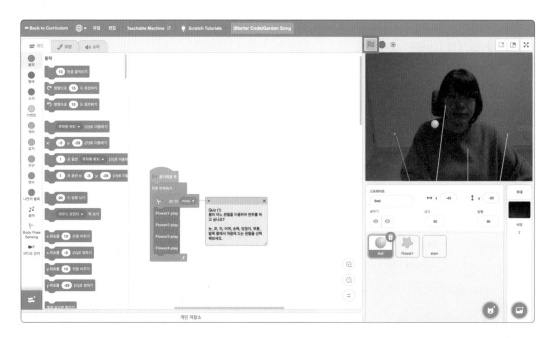

6 **Quiz 1** 무대 위에서 몸을 움직여 보고, 스프라이트 'Ball'이 '코'를 따라 움직이는지 확인합니다. 화살표를 클릭하여 목록을 열고 다른 관절의 움직임도 실험해 보세요. 코, 양쪽 눈, 귀, 어깨, 손목, 엉덩이, 무릎, 발목 중에서 마음에 드는 신체 부위 한 가지를 선택하세요. 여기서 선택하는 신체 부위로 나만의 악기를 연주하게 됩니다.

7 스프라이트 목록에서 'Flower1()'을 선택합니다.

8 [모양(🖌️ 모양)] 탭에서 [모양 고르기(🐻)]를 클릭하여 내가 좋아하는 이미지를 선택합니다. 모양 목록에 없으면 직접 그리거나 업로드하여 추가합니다.

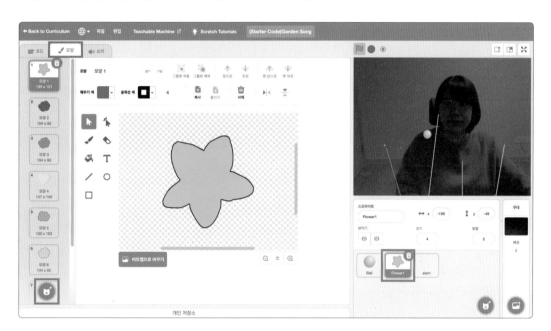

9 [코드(🟦 코드)] 탭을 클릭하여 원래 화면으로 돌아옵니다.

10 (Quiz 2) 스프라이트 'Flower1(🌟)'의 초기 상태를 설정해 보겠습니다.

설정 대상		설정값
모양		모양 1
변수 size		60
크기		변수 size
위치	x 좌표	-155
	y 좌표	-49

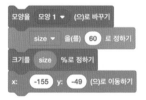

11 (Quiz 3) 프로젝트가 실행되면 'Flower1'이 바로 보이지 않고, 'Flower1' 근처에서 몸을 움직였을 때 등장하도록 합니다.

12 (Quiz 4) 스프라이트 목록에서 'Flower1(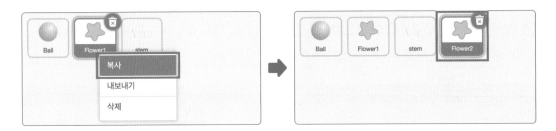)'에 마우스를 올려 두고 오른쪽 버튼을 클릭합니다. [복사]를 클릭하면 'Flower2' 이름으로 스프라이트가 복사됩니다.

13 (Quiz 5~7) **12**와 같은 방법으로 'Flower3'과 'Flower4'를 만듭니다.

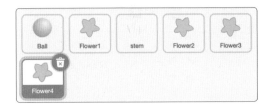

> **꿀팁 스프라이트 목록에서 배치 순서 바꾸기**
> 스프라이트 목록에서 마우스로 드래그를 하면 스프라이트의 배치 순서를 변경할 수 있습니다.

14 (Quiz 8) 스프라이트 목록에서 'Flower2( )'를 선택합니다. [모양(모양)] 탭에서 내가 좋아하는 이미지로 변경합니다.

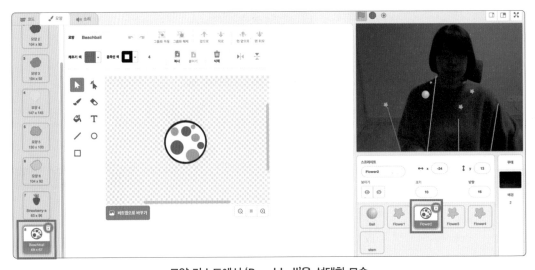

모양 리스트에서 'Beachball'을 선택한 모습

15 (Quiz 9~11) **14**와 같은 방법으로 'Flower3'과 'Flower4'의 모양을 내가 좋아하는 것으로 바꿔 줍니다. 저희들은 '꽃, 공놀이, 딸기, 하트' 모양을 좋아하므로 다음과 같이 스프라이트를 선택했습니다.

16 [코드(코드)] 탭을 클릭하여 스크립트 작성 화면으로 돌아옵니다.

17 (Quiz 12~14) **10**과 같은 방법으로 'Flower2', 'Flower3', 'Flower4'의 초기 상태를 설정해 줍니다.

설정 대상		설정값		
		Flower2	Flower3	Flower4
모양		Beachball	Strawberry-a	모양 4
변수 size		200	70	70
크기		변수 size	변수 size	변수 size
위치	x 좌표	-7	54	170
	y 좌표	34	-87	-46

18 [녹색 깃발( )]을 클릭하여 프로젝트를 실행합니다. 카메라를 향해 (Quiz 1)에서 선택한 몸 관절을 움직여 보세요. 스프라이트에서 가까이 움직일 때 내가 좋아하는 것들이 무대 위에 등장하나요?

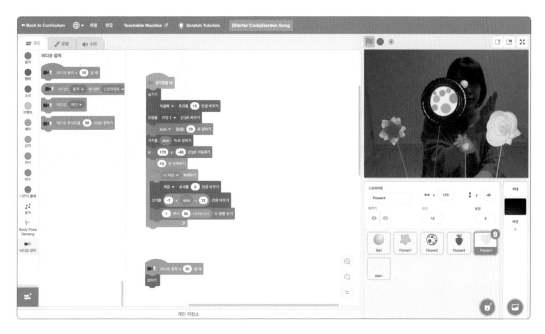

스프라이트의 위치 확인하기

스크래치에서 스프라이트의 위치는 X축, Y축을 기준으로 표시합니다.

● **X축**: 무대 위에서 왼쪽, 오른쪽 위치를 나타내는 가로선입니다. 가장 왼쪽이 −240이고, 가장 오른쪽은 +240까지 표시됩니다.

● **Y축**: 무대 위에서 위, 아래 위치를 나타내는 세로선입니다. 가장 위쪽이 +180이고, 가장 아래쪽은 −180 까지 표시됩니다.

스프라이트의 위치는 (X, Y) 좌표로 확인할 수 있습니다. 아래 그림에서 고양이 위치는 (−45, 10)입니다.

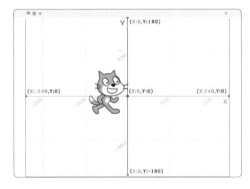

노래하는 상상의 정원

1 배경음악을 삽입하기 위해 [무대]에서 [배경]을 클릭합니다.

2 (Quiz 15) 다음과 같이 스크립트를 작성하여 주변 소리가 '30'일 때 배경음악을 재생합니다. 숫자가 클수록 큰 소리에 음악이 시작됩니다.

노트 배경음악: Barroom Ballet - Silent Film Light - Kevin MacLeod

꿀팁 배경음악 삽입하기
샘플 멜로디 폴더에서 마음에 드는 음악을 추가하거나 내가 좋아하는 음악 파일을 직접 업로드해서 사용해도 좋습니다.

3 이번에는 꽃의 노래를 삽입해 보겠습니다. 스프라이트 목록에서 'Ball( )'을 선택합니다.

4 (Quiz 16) 스프라이트 'Ball'이 스프라이트 'Flower1'에 닿을 때 소리 목록에서 'Magic Spell'을 재생하도록 스크립트를 작성합니다.

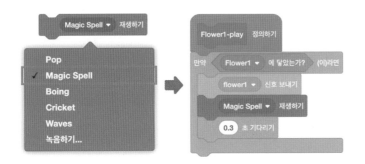

꿀팁 소리 편집하기
스프라이트의 [소리(소리)] 탭을 클릭하면 스프라이트에 삽입한 소리 목록을 확인할 수 있습니다. 여기서 원하는 소리를 선택하고 소리 편집기에서 편집합니다. 소리의 빠르기와 크기를 변경할 수 있고, 특정 구간을 삭제하거나 복사하여 붙일 수 있습니다. 페이드 효과와 로봇 소리 효과 등을 추가할 수도 있습니다.

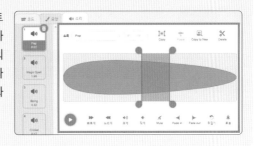

5 (Quiz 17~19) 스프라이트 'Ball'이 스프라이트 'Flower2', 'Flower3', 'Flower4'에 닿을 때 각각 'Boing', 'Waves', 'Cricket'을 재생하도록 스크립트를 작성합니다.

6 [녹색 깃발(⬛)]을 클릭하여 프로젝트를 실행합니다. 큰 소리를 내어 배경음악을 재생하고, Quiz 1 에서 선택한 몸 관절을 움직여 보세요. 스프라이트에 닿을 때 멜로디가 재생되나요?

7 재생이 잘 된다면 [정지(●)]를 클릭하여 프로젝트를 멈춥니다.

빙글빙글 반짝

1 스프라이트 목록에서 'Flower1(🌸)'을 선택합니다.
                                          Flower1

2 Quiz 20 스프라이트 'Flower1'에 감지된 내 몸동작의 크기가 클수록 빠르게, 작을수록 느리게 회전하도록 스크립트를 작성합니다. 여기서는 'Flower1'을 자연스럽게 회전시키기 위해 회전 각도를 '스프라이트에 감지된 동작 ÷ 5'로 설정합니다.

```
🎥 비디오 동작 > 30 일 때
보이기
    1 초 기다리기
무한 반복하기
   ⟳ 방향으로 🎥 비디오 동작 ▼ 에 대한 스프라이트 ▼ 에서의 관찰값 ÷ 5 도 회전하기
```

3 Quiz 21~23 **2** 와 같은 방법으로 카메라에 감지된 몸동작의 크기가 클수록 스프라이트가 많이 회전하도록 'Flower2', 'Flower3', 'Flower4'에 각각 스크립트를 작성합니다.

4 Quiz 24 스프라이트 목록에서 'Flower1'을 선택합니다. 'flower1' 신호를 받을 때 주변 소리의 크기만큼 스프라이트 색상을 변경합니다. 여기서는 'Flower1'의 색상을 자연스럽게 변경하기 위해 색상 효과를 '음량 ÷ 30'만큼 바꿔 봅니다.

```
flower1 ▼ 신호를 받았을 때
    30 번 반복하기
   색깔 ▼ 효과를 음량 ÷ 30 만큼 바꾸기
```

5 (Quiz 24~26) 스프라이트 'Flower2', 'Flower3', 'Flower4'가 각각 'flower2', 'flower3', 'flower4' 신호를 받을 때 주변 소리의 크기에 맞춰 색상을 변경하도록 스크립트를 작성합니다.

6 스프라이트 목록에서 'stem(　　)'을 선택합니다.

7 (Quiz 27) 다음과 같이 스크립트를 작성하여 마이크 에 감지되는 주변 소리가 클수록 스프라이트 색상을 많이 변경하도록 합니다. 여기서는 줄기 색상을 자연스 럽게 변경하기 위해 색상 효과를 '음량 ÷ 10'만큼 변경 합니다.

8 [전체 화면(::)]을 클릭하여 화 면을 키우고, [녹색 깃발(⚑)]을 클 릭하여 프로젝트를 실행합니다.

9 이제 멜로디 연주를 시작할 준비 가 되었습니다. 내가 좋아하는 것들 로 가득한 정원을 자유롭게 이동하 면서 나만의 악기를 연주해 보세요.

10 [정지(⏺)]를 클릭하여 실행 중인 프로젝트를 멈추고 [화면 축소하기(::)]를 클릭합니다.

11 프로젝트를 저장하기 위해 제목을 '(Complete Code)Garden Song'으로 변경하고, [파일] ➡ [컴퓨터에 저장하기]를 클릭합니다.

12 파일 저장 위치를 선택하고 [저장]을 클릭합니다. 컴퓨터에 저장된 프로젝트 파일은 댄싱 위드 AI의 [파일] ➡ [Load from your computer]에서 다시 불러올 수 있습니다.

창작하기

나만의 아이디어를 추가하여 인공지능 프로젝트를 발전시키고, 완성한 프로젝트를 활용하여 근사한 퍼포먼스와 재미있는 놀이를 만들어 봅시다.

인공지능 프로젝트 발전시키기

나만의 스토리와 아이디어를 추가해 보세요. 코딩 카드를 활용하여 다양한 기능을 실험해 보고 추가해 보세요.

멜로디 작품 만들기

완성한 프로젝트를 활용하여 근사한 퍼포먼스를 만들어 봅니다.

다음의 퍼포먼스를 감상해 보고 나만의 멜로디 작품을 연출해 보세요.

작품 제목: 노래하는 상상의 정원
준비물: (Complete Code)Garden Song.sb3

'퍼포먼스하기' 멜로디 작품
https://bit.ly/3CGBX1p

나만의 멜로디 작품 만들기

작품 제목:

몸의 어느 부분을 주로 움직여서 멜로디를 연주했나요?

멜로디 연주 과정을 사진이나 영상으로 촬영하여 기록해 보세요.

작품의 주요 특징을 소개해 보세요.

작품을 만드는 과정에서 어떤 느낌이 들었나요?

완성된 작품을 감상하면서 어떤 느낌이 들었나요?

완성된 작품을 'AI 놀이터(https://padlet.com/ai4funplay/LetsPlay)'에 공유해 보세요.

놀이 만들기

내가 완성한 AI 프로젝트를 가지고 재미있는 멜로디 놀이를 만들어 봅시다. 때로는 혼자서, 때로는 친구나 가족과 함께 즐겁게 멜로디 놀이를 해 보세요.

놀이 제목 **오케스트라 연주하기** 활동 자료 https://bit.ly/3yNnEqQ

준 비 물 (Complete Code)Melody-Keyboard.sb3, 색 악보

놀이 인원 여럿

놀이 방법

몸의 어떤 부분을 움직여 멜로디를 연주할지는 참가자가 선택합니다.

① 모두가 잘 아는 음악을 선택합니다.

② 음악을 연주할 몸 관절을 확인합니다. (Quiz 1 참고)

③ 한 명은 지휘자, 나머지는 연주자가 됩니다.

④ 지휘자는 음악의 속도나 강약을 조절하며 지휘를 합니다.

⑤ 연주자는 각자 연주할 음계를 선택합니다.

⑥ 지휘에 맞춰 모두가 한마음이 되어 연주를 잘 마칩니다.

⑦ 역할을 바꿔 지휘자가 되어 봅니다.

- 화면에 보이는 건반의 개수를 줄이거나 늘려서 연주해 보세요.
- 움직임 공간을 더욱 다양하게 활용해 보세요.
- 여러분이 연주하는 모습을 영상으로 촬영하고 감상해 보세요. 악기 위에서 씰룩쌜룩 춤을 추는 여러분의 모습을 발견할 수 있을 거예요!

내가 만든 AI 프로젝트로 멜로디 놀이 만들기

놀이 제목

준 비 물

놀이 인원

놀이 방법

몸의 어떤 부분을 움직여 멜로디를 연주하나요?

이 놀이는 어떻게 하는 건가요? 놀이 방법을 순서대로 설명해 보세요.

어떻게 하면 더욱 신나게 놀이를 할 수 있나요?

완성된 작품을 'AI 놀이터(https://padlet.com/ai4funplay/LetsPlay)'에 공유해 보세요.

이해하기

컴퓨터는 어떻게 사물을 볼까요?

컴퓨터는 여러분의 움직임을 어떻게 볼 수 있을까요? 컴퓨터는 여러분의 코가 어디에 있고, 팔꿈치가 어디에 있는지를 어떻게 알 수 있을까요? 사람은 눈을 통해 주변의 사람과 사물을 인식합니다. (아래의 그림을 참고하세요.) 예를 들어, 여러분 앞에 한 사람이 있다고 생각해 봅시다. 그리고 밝은 빛이 있다고도 생각해 봅시다. (빛이 없다면 우리는 아무것도 볼 수 없습니다!) 빛이 우리 앞에 있는 사람을 부딪치고 난 뒤 우리의 눈으로 들어옵니다. 그러면 눈에서 인식된 정보를 뇌로 전달하여 사람의 모습, 색깔, 크기, 위치 등을 알수 있게 됩니다. 우리 눈으로 본 사람의 모습이 우리 뇌 속에 다시 그려지게 되는 것이지요.

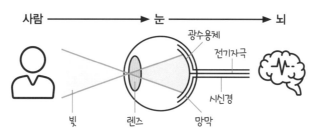

우리 앞에 있는 사람을 눈으로 인식하는 과정

컴퓨터는 어떻게 사람을 인식할까요?

컴퓨터 앞에 사람이 있다고 생각해 봅시다. (오른쪽의 그림을 참고하세요.) 컴퓨터에 연결된 카메라를 이용하여 사람을 감지합니다. (카메라는 사람의 눈과 비슷한 역할을 합니다!) 카메라에 감지된 사람의 모습은 숫자 정보로 변환되어 이미지 파일로 컴퓨터에 전달됩니다. 컴퓨터는 숫자 정보를 분석하여 사람의 얼굴과 눈, 코, 입을 구분하고, 사람의 머리와 몸, 팔과 다리를 구분합니다.

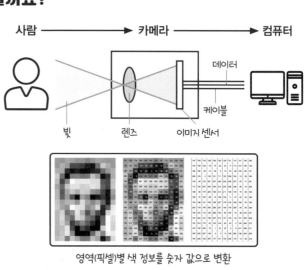

영역(픽셀)별 색 정보를 숫자 값으로 변환

컴퓨터가 카메라로 인식하는 과정

컴퓨터는 숫자들만 가지고 어떻게 사물을 구분할 수 있을까요?

바로 여기에 컴퓨터 과학자들의 아이디어가 숨겨져 있습니다. 사람은 머리, 몸, 팔과 다리가 대략 비슷한 위치에 있고, 각 신체 부위는 여러 개의 관절로 연결되어 있습니다. 우리가 대략 적인 신체 부위와 몇 가지 중요한 관절의 위치를 찾아낼 수 있다면, 부위와 관절을 연결하여 사람의 모습을 예측할 수 있게 됩니다. 얼굴도 마찬가지 방법으로, 얼굴의 위치를 찾게 되면 대략적인 눈의 위치, 코의 위치, 입의 위치를 추론할 수 있습니다. 눈을 감고 자기 얼굴에서 눈을 찾아봅시다. 코는 어디에 있을까요? 당연히 눈 아래에 있습니다. 입은 어디에 있을까요? 당연히 코 아래에 있을 것입니다.

여러분은 어떤 인공지능 기술을 사용했을까요?

컴퓨터 비전(Computer Vision) 기술을 사용하면 영상이나 그림에서 사람의 모습을 찾아내고, 사람의 주요 관절 위치를 찾아내서 동작을 확인할 수 있습니다. 특히 사람의 동작을 찾아내기 위해서는 '스켈레톤(skeleton)' 구조를 사용합니다. (엑스레이로 사람의 뼈만 찍은 사진을 상상해 보세요!) 영상에 담긴 사람의 모습에서 각 관절의 위치를 찾아내고, 일반적인 사람의 뼈 구조에 맞게 관절을 연결하면, 사람이 어떤 동작을 취하고 있는지 알 수 있습니다. 인공지능은 이 스켈레톤을 기반으로 사람의 동작을 확인하고 움직임을 감지할 수 있습니다.

컴퓨터 비전으로 인식하는 스켈레톤
이미지 출처: https://bit.ly/3p1ofjH

우리는 포즈넷(PoseNet)[8]이라는 인식 모델을 사용했습니다. 포즈넷을 이용하여 누구나 컴퓨터가 사람의 동작을 인식하고 처리할 수 있는 프로그램을 만들 수 있습니다. 올바른 운동자세를 찾아주거나 수화를 인식하여 말로 바꿔주는 프로그램을 여러분이 직접 만들 수도 있습니다.

 더 알아보기

컴퓨터 비전의 동작 원리

컴퓨터 비전에 대해 관심이 더 생겼나요? 컴퓨터가 어떻게 사물을 인식하는지 더 알아보고 싶다면 다음 영상을 참고해 보세요.

How Computer Vision Works
https://bit.ly/3H6as1s

꿀팁 외국어 영상을 한글 자막과 함께 보기

영상 화면의 오른쪽 하단에서 '설정(⚙)'을 클릭하고 '자동 번역' ➡ '한국어'를 선택합니다.

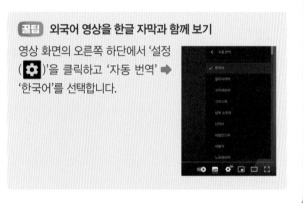

확장하기

2부 '씰룩쌜룩 멜로디'에서는 몸을 움직여서 소리를 만들 수 있는 인공지능 기술을 살펴보고 주요 원리를 탐구해 보았습니다. '댄싱 위드 AI'로 멜로디를 연주하는 나만의 인공지능 프로젝트를 만들고, 스크린과 움직임 공간을 악기 삼아 자유롭게 몸을 움직이며 멜로디를 연주했습니다. 또, 인공지능과 함께 즐거운 놀이를 해 보고, 멜로디 작품도 창작해 보았습니다. 지금껏 했던 활동을 다시 한번 떠올려 보고, 아래의 질문에 답하면서 여러분의 생각을 정리해 보세요.

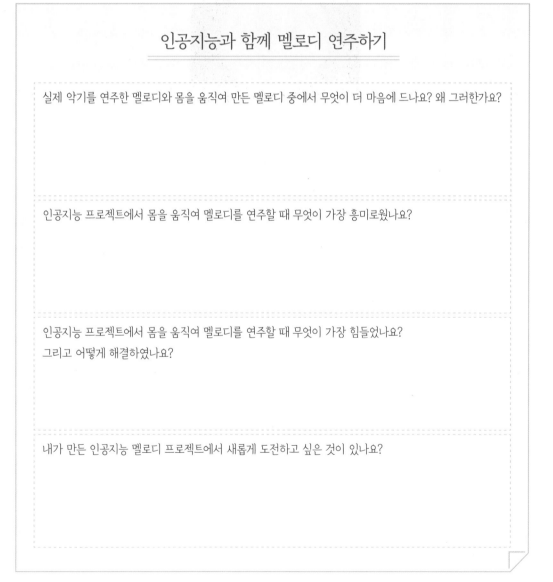

인공지능과 함께 멜로디 연주하기

실제 악기를 연주한 멜로디와 몸을 움직여 만든 멜로디 중에서 무엇이 더 마음에 드나요? 왜 그러한가요?

인공지능 프로젝트에서 몸을 움직여 멜로디를 연주할 때 무엇이 가장 흥미로웠나요?

인공지능 프로젝트에서 몸을 움직여 멜로디를 연주할 때 무엇이 가장 힘들었나요?
그리고 어떻게 해결하였나요?

내가 만든 인공지능 멜로디 프로젝트에서 새롭게 도전하고 싶은 것이 있나요?

2부 '씰룩쌜룩 멜로디'에서는 다음의 자료들을 참고하여 활동을 구상했습니다. 여러분도 즐거운 실험과 도전을 더욱 발전시켜 보세요.

MIT Full STEAM Ahead[9]의 수학으로 창의적 표현하기: 스프라이트 아트

스프라이트 아트 소개
https://wi.st/3H3qJnY

스프라이트 아트 카드
https://bit.ly/3HeXfDP

스크래치 프로젝트
'Song Art'
https://bit.ly/3gXMR8M

공감하기

인공지능 기술이 발전해서 우리 생활 속에서 다양한 기술이 사용된다면 좋은 일만 있을까요?
다음 상황에서 여러분이 수진이라면 어떻게 행동해야 할지 생각해 봅시다.

수진이는 '셀리'라는 이름을 가진 인공지능 스피커를 사용하고 있다. 수진이는 평소에 부모님이나
친구들에게 털어놓지 못할 고민거리나 비밀을 인공지능 스피커인 셀리에게 말하고, 셀리의 위로를
들으며 하루를 보내곤 했다. 어느날 수진이 친구인 미주는 수진이에게 섭섭한 일이 있으면 직접 말
로 하면 되지 왜 메시지를 보내냐며 화를 냈다. 알고
보니 수진이가 '셀리'에게 미주가 자신한테만 메시
지를 보내지 않아 짜증이 났다고 털어놓았는데, 그
내용이 미주에게도 메시지로 보내졌다는 것이다. 수
진이는 그동안 셀리에게 말한 내용이 다른 사람에
게도 전달되지는 않았는지, 계속해서 셀리를 사용
해야 할지 고민이다.

위 상황에서 여러분이 생각하는 문제는 무엇인가요?

여러분이 수진이라면 이런 상황에서 인공지능 스피커를 계속 사용할까요? 그 이유는 무엇인가요?

실제로 다음과 같은 사례가 있었어요.

사례 1 미국의 A 회사에서 개발한 인공지능 스피커 '에코'는 미국 오리건주 포틀랜드에 거주하는 부부가 집에서 나눈 사적 대화를 녹음해 연락처에 저장된 사람에게 멋대로 메시지로 보낸 사고가 발생하였다. 회사는 사고를 분석한 결과, 대화 속에서 메시지 보내기라는 대화를 요청으로 인식하였다고 해명하였다.[10]

사례 2 국내 D 회사에서 개발한 인공지능 스피커는 사람들이 스피커에 내린 음성 명령 데이터를 수집한 뒤, 음성 인식률을 높이기 위해 수집한 음성 데이터의 0.2% 미만의 데이터를 무작위로 추출하여 자회사 직원이 직접 듣고 글로 옮기는 작업을 수행하였다. 회사에서는 누구의 대화인지 알 수 없고, 일정 기간 이후 파기하기 때문에 사생활 침해가 발생하지 않는다는 입장이고, 이용자에게 개인정보 수집 동의를 받고 있다고 설명하고 있지만, 누군가는 내가 인공지능 스피커를 통해 한 말을 들을 수 있다는 구조로 되어 있다.[11]

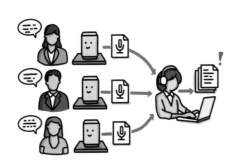

지금까지 배운 인공지능 기술을 떠올려 보면서 다음 질문에 대해 더 고민해 봅시다.

● 인공지능 스피커처럼 우리가 인공지능을 활용하여 편리하게 사용하는 제품에는 어떤 것들이 있을까요?
● 인공지능 스피커처럼 인공지능을 활용한 제품(기술)을 사용했을 때 어떤 감정이 느껴졌나요?
● 인공지능을 활용한 제품(기술)을 사용하다가 문제가 발생했을 때, '기술을 만든 사람', '제품을 만들거나 판매한 사람', '제품을 이용한 사람' 중 누구의 잘못이 가장 클까요? 그 이유는 무엇일까요?
● 위 상황에서 인공지능 스피커가 메시지를 잘못 보낸 것처럼 인공지능이 잘못된 판단을 내린다면 어떤 문제가 발생할까요?

인공지능 기술을 이용하여 사람의 얼굴이나 목소리를 인식하고, 누구의 얼굴인지, 누구의 목소리인지 확인하여 어떤 행동을 하는지 분석할 수 있습니다. 인공지능 기술을 사용하면 다른 사람을 해치거나 나쁜 범죄를 일으키려는 위협적인 상황을 빠르게 알 수 있습니다. 하지만 개인이 드러내고 싶지 않은 개인정보와 감정까지 공개될 수 있다는 측면이 있습니다. 즉, 인공지능 기술이 개인의 안전을 지켜 주기도 하지만, 공개하고 싶지 않은 개인정보가 공개되어 버리는 문제가 발생하기도 합니다.

개인의 정보를 지키는 것과 개인의 안전을 지키는 것 중에서 어떤 것이 더 중요할까요? 정답이 없는 문제입니다. 하지만 우리가 인공지능 기술이 어떻게 동작하는지 이해하고 어떤 문제가 발생할 수 있는지 예측할 수 있다면, 다른 사람을 배려하고 사회를 보다 풍요롭게 만드는 방향으로 인공지능 기술을 활용할 수 있습니다.

 더 알아보기

인공지능과 윤리: 프라이버시와 미래 직업

인공지능이 학습하기 위해서는 수많은 데이터가 필요합니다. 그 데이터 중 일부는 사람의 건강이나 금융정보 등 개인에게 매우 중요한 데이터가 포함되기도 합니다. 개인정보가 담긴 데이터를 다루기 위해서는 법적인 절차를 통해 제한적으로 사용해야 합니다. 인공지능에 대해 생각할 때에는 반드시 사람을 먼저 고려해야 합니다. 다음 영상을 참고해 보세요.

Ethics & AI: Privacy & the Future of Work
https://bit.ly/3CXIS5X

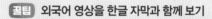 **꿀팁 외국어 영상을 한글 자막과 함께 보기**

영상 화면의 오른쪽 하단에서 '설정 (⚙)'을 클릭하고 '자동 번역' ➡ '한국어'를 선택합니다.

1960년대 로고 프로그래밍하는 모습[12]

로고[13]에서 우리는 '답'을 제시하지 않고 아이가 자신의 신체를 사용해 답을 얻도록 격려합니다. 아이는 원을 그리며 걷기 시작하면서 앞으로 조금 갔다가 옆으로 조금 틀고, 또 앞으로 조금 갔다가 옆으로 조금 틀고를 반복하며 어떻게 하면 원을 그릴 수 있는지 터득합니다. 이제 아이는 어떻게 해야 로고 거북이가 원을 그리게 할 수 있는지 압니다.

— 《마인드스톰》(시모어 페퍼트 지음, 1980) 중에서

3부

살랑살랑 드로잉

몸으로
놀아보기

스타터 코드로
놀아보기

생각하며
놀아보기

준비하기

몸을 움직여서 그리는 그림은 과연 어떤 모습일까요? 붓이나 펜을 대신해서 기계와 함께 그림을 그릴 수 있을까요?

3부 '살랑살랑 드로잉'에서는 '우리 몸의 움직임'을 드로잉 작품의 재료로 사용합니다. 우리 몸을 움직여 다채로운 드로잉 표현을 하고, 인공지능과 함께 아름다움을 그려 내면서 온몸으로 드로잉 과정을 느낍니다. 그렇기 때문에 여기서는 완성된 작품만이 아니라 드로잉을 하는 모든 행위와 과정이 곧 예술이 되는 경험을 합니다. 또, 기존에 사용하던 붓과 팔레트, 캔버스 대신 기계학습이 적용된 인공지능 알고리즘과 스크린 화면을 사용하여 생동감 있는 드로잉 작품을 창작해 봅니다.

- ● 잭슨 폴록(Jackson Pollock)의 '액션 페인팅(Action Painting)'과 수젠 청(Sougwen Chung)의 드로잉 작품을 감상하고 작품의 주요 특징을 살펴봅니다.

- ● 기계학습을 기반으로 나만의 AI 드로잉 프로젝트를 구현하고, AI 프로젝트와 협업하여 즐거운 놀이와 퍼포먼스를 창작합니다.

- ● 기계학습의 종류와 주요 원리를 이해하고, 인간의 학습과 무엇이 비슷하고 다른지 비교해 봅니다.

- ● 기계학습을 위한 데이터 수집 및 처리 과정에서 발생할 수 있는 문제 사례들을 살펴보고 예방 및 대처 방안을 탐색합니다.

다음 작품들을 감상해 보세요.

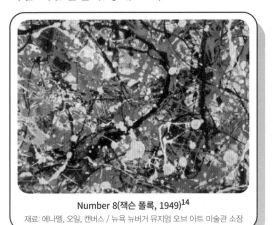

Number 8(잭슨 폴록, 1949)[14]
재료: 에나멜, 오일, 캔버스 / 뉴욕 뉴버거 뮤지엄 오브 아트 미술관 소장

Artefact N° 1(수젠 청, 2021)[15]
재료: 로봇(4세대), 캔버스 / 개인 소장

잭슨 폴록과 수젠 청이 드로잉 작품을 창작하는 과정을 영상으로 감상해 보세요.

캔버스 위에서 드로잉하는 잭슨 폴록[16]

잭슨 폴록의 다큐멘터리
https://bit.ly/3rW9IYy

잭슨 폴록의 Top 40 작품
https://bit.ly/3v4mC8V

붓과 함께 드로잉하는 수젠 청[17]

수젠 청의
'드로잉 듀엣 (2018)'
https://bit.ly/3sl9Gm0

수젠 청의
'내가 로봇과 드로잉을 하는 이유 (2020)'
https://bit.ly/3sNM7bl

작품 감상하기

작품별로 어떤 느낌이 드나요?

작가는 무엇을 표현한 걸까요?

어떤 재료를 사용하였나요?

작품들 중에서 가장 인상 깊은 것은 무엇인가요? 왜 그러한가요?

작품들의 공통점은 무엇인가요?

〈Number 8〉의 잭슨 폴록은 바닥에 큰 캔버스를 펼치고 그 위에서 몸을 움직여 물감을 뿌리면서 그리는 '드리핑(dripping)' 기법을 창안했습니다. 몸 전체가 마치 그림 속에서 춤을 추듯 때로는 부드럽게, 때로는 격렬하게 움직이며 그림을 완성해 나갔습니다. 캔버스 위에 무질서하게 뿌려지고 겹치는 물감에서 작가의 몸에 실렸던 힘과 속도를 느낄 수 있지요. 이러한 드로잉을 '액션 페인팅(Action Painting)'이라고 합니다.

〈Artefact Nº 1〉의 수잰 청은 커다란 캔버스 위에서 로봇과 함께 드로잉 작품을 완성했습니다. 기계와 데이터의 정확성, 로봇의 역동성을 드로잉 기법으로 활용했지요. 때로는 불완전하고 예상을 벗어나는 로봇이지만, 이러한 로봇과 섬세하게 상호작용하며 아름다운 작품을 그려냈습니다.

잭슨 폴록과 수잰 청에게 캔버스는 완성된 이미지, 구체적인 이미지를 담은 일차적인 공간이 아니라 '행위하는 장'으로서의 의미를 갖기도 합니다. 즉, 몸을 움직여 드로잉을 표현하고, 로봇과 상호작용하며 함께 그리는 모든 과정이 예술이 되는 공간이라 할 수 있지요.

여러분도 직접 몸을 움직여 생각과 감정을 드로잉 작품으로 표현해 보세요. 여러분의 생각을 더욱 창의적으로 표현할 수 있도록 인공지능 기술과 협업해 보세요. 직접 몸을 움직이고, 인공지능 기술과 협업하여 드로잉 작품을 창작하는 모든 과정이 예술이 되는 여정이 지금부터 시작됩니다!

무빙마블로 놀아보기

몸으로 놀아보기

우리의 몸은 어떤 동작을 해낼 수 있을까요? 우리 몸이 움직일 수 있는 한계는 어디까지일까요? '무빙마블(2)'는 다양한 신체 부위를 표현하는 '몸 카드'와 여러 동작을 표현하는 '동작 카드'를 조합하여 우리 몸의 움직임을 관찰하고, 다양한 움직임을 탐색할 수 있도록 도와줍니다. '무빙마블(2)'를 활용해서 평소에 해 보지 않았던 동작과 익숙하지 않은 움직임도 도전해 보세요.

놀이 제목 **페인팅 댄스** 활동 자료 https://bit.ly/3eBHoa6

준 비 물 움직임 카드(2), 무빙마블 활동지(1), 주사위, 큰 도화지, 여러 색상과 굵기의 채색 도구(예 색연필, 수성 매직 등)

놀이 인원 혼자 또는 여럿

놀이 방법

① '무빙마블 활동지(1)'을 펼쳐 놓고 '몸 카드'는 노란색 칸에, '동작 카드'는 보라색 칸에 올려 둡니다.

② 처음 주사위를 굴려서 나온 숫자는 '몸 카드'의 위치, 다음 주사위를 굴려서 나온 숫자는 '동작 카드'의 위치입니다.

③ 두 카드가 만나는 지점을 체크하고 '몸 카드'의 단어와 '동작 카드'의 단어를 연결해 몸으로 표현해 봅니다.

④ 계속해서 주사위를 던지고 움직이는 것을 반복하면서 여러 움직임을 시도해 봅니다.

⑤ 큰 도화지를 바닥에 깔거나 벽에 붙이고, 앞에 나온 신체 부위에 펜을 고정하고 도화지에서 해당 동작을 시도합니다.

⑥ 움직임에 의해 생겨난 드로잉을 관찰합니다.

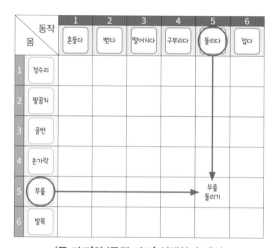

동작 몸	1 흔들다	2 뻗다	3 떨어지다	4 구부리다	5 돌리다	6 접다
1 정수리						
2 팔꿈치						
3 골반						
4 손가락						
5 무릎					무릎 돌리기	
6 발목						

'몸 카드'와 '동작 카드' 선택하기 예시

● 두 가지 이상의 동작을 연결해서 다양한 움직임을 만들어 보세요.

● 방향이나 높낮이 속도를 조절해 보면서 같은 신체 부위의 동작으로 다양한 움직임을 시도해 보세요.

● 다양한 분위기의 음악에 맞추어 움직여 보세요.

● 여럿이 함께 놀이를 할 경우, 서로 다르게 표현되는 움직임과 드로잉을 관찰해 보세요.

2 탐험하기

몸 관찰하기

몸을 움직여 여러 움직임을 만들어 보고 드로잉으로 표현해 봅시다. 몸을 움직여 점, 선, 면, 도형과 패턴 등 다양한 드로잉을 실험해 보세요. 바닥, 벽면, 천장 등 나를 둘러싸고 있는 모든 공간이 도화지가 되고, 나의 몸이 붓이 되었다고 상상해 봅시다! 그리고 몸을 움직여서 글씨를 쓰거나 그림을 그려 보는 거예요!

놀이 제목 **바디 드로잉** 활동 자료 https://bit.ly/3T2E9r3

준 비 물 움직임 카드(2), 도화지, 펜, 카메라

놀이 방법

① 점 찍기, 한붓 그리기,[18] 여러 모양의 선 그리기 중 '드로잉 기법'을 하나 선택합니다.

② 선택한 '드로잉 기법'을 잘 나타낼 수 있는 움직임을 '동작 카드'에서 두세 장을 선택합니다.

③ 어떤 신체 부위로 움직여 볼지 생각해 보고 '몸 카드'에서 임의로 두세 장을 선택합니다.

④ 선택한 '몸 카드'와 '동작 카드'를 연결하여 몸으로 표현해 보고 영상으로 기록합니다.

'드로잉 기법' 선택하기

'동작 카드' 선택하기

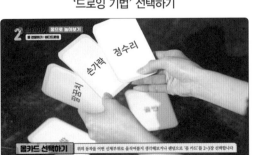

'몸 카드' 선택하기

'드로잉 기법-몸 카드-동작 카드'의 조합을 움직임으로 표현하기

몸으로 그리기

내 이름이나 내가 좋아하는 사람, 내가 좋아하는 것들의 이름, 또는 내가 좋아하는 것들의 형태나 느낌을 여러 신체 부위로 그려 보세요.

발바닥으로 이름 쓰기

손바닥으로 내가 좋아하는 것 그리기

● 천천히, 빠르게, 반복, 멈췄다가 다시 시작하기 등 움직임의 크기와 속도를 다양하게 실험해 보세요.

● 아래, 중간, 위, 옆 등 움직임 공간의 방향과 각도를 다양하게 실험해 보세요.

● 친구나 가족에게 전하고 싶은 것을 몸을 움직여 표현해 보고 영상으로 전달해 보세요.

3 표현하기

내가 좋아하는 것 드로잉하기

여러분은 무엇을 좋아하나요? 생각만 해도 나를 행복하게 하는 것, 혹은 상상만 해도 나를 미소짓게 하는 누군가가 있나요?

작품 제목:

내가 좋아하는 것을 글로 표현해 보세요.

내가 좋아하는 것을 그림으로 표현해 보세요.

내가 좋아하는 것을 떠올려 보고 아래 단어 중에서 어울리는 것에 동그라미 표시를 해 보세요. 빈칸에 단어를 직접 작성해도 좋습니다.

알콩달콩	편안한	반짝반짝	따뜻한	힘이 나는	말랑말랑
까르르	함께	오순도순	신나는	뭐든지	사르르
즐거운	단단한	왁자지껄	둥글둥글	포근한	팡팡

여러분이 좋아하는 장소에 있다고 상상해 보고, 여러분의 느낌과 감정을 몸의 움직임과 소리로 표현해 보세요.
그리고 멜로디 연주 장면을 녹화하여 동영상 파일로 저장하고 감상해 보세요!

앞에서 선택한 단어와 다양한 신체 부위를 활용해서 몸의 움직임으로 표현해 보고, 드로잉 작품을 만들어 보세요.

내가 좋아하는 것 드로잉하기

작품 제목:

몸의 어느 부분을 주로 움직여서 드로잉했나요?

드로잉하는 과정을 사진이나 영상으로 촬영하여 기록해 보세요.

작품의 주요 특징을 소개해 보세요.

작품을 만드는 과정에서 어떤 느낌이 들었나요?

완성된 작품을 감상하면서 어떤 느낌이 들었나요?

완성된 작품을 'AI 놀이터(https://padlet.com/ai4funplay/LetsPlay)'에 공유해 보세요.

실행하기

몸을 움직여서 그림을 그리는 인공지능 프로젝트를 직접 만들어 봅니다.

① 펜 기능을 대신할 수 있는 드로잉 동작을 만듭니다.

② 기계학습 모델을 만들고 드로잉 동작을 훈련시킵니다.

③ 동작에 따라 다르게 표현되는 드로잉 작품을 완성합니다.

실습 영상
https://bit.ly/3Vz2fv4

드로잉 동작 만들기

여러분의 몸이 붓이나 펜으로 변신했다고 상상해 보세요. 몸동작으로 어떤 기능을 표현해야 할까요? 스크래치의 확장 기능인 '펜' 블록을 살펴보고 주요 기능을 드로잉 동작으로 표현해 봅시다.

펜 기능 살펴보기

1 '댄싱 위드 AI'에 접속해 [OPEN POSEBLOCKS!]를 클릭합니다.

댄싱 위드 AI(Dancing with AI)
https://dancingwithai.media.mit.edu/

2 블록 팔레트 하단에서 [확장 기능()]을 클릭합니다.

3 확장 기능 목록에서 '펜'을 선택합니다.

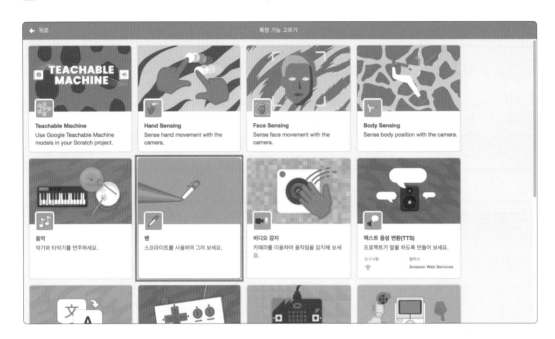

4 블록 팔레트에 [펜(펜)] 기능이 추가된 것을 확인합니다.

5 블록 팔레트에 추가된 '펜' 블록들의 기능을 살펴봅시다. 이 중에서 어떤 것을 몸동작으로 표현하고 싶나요?

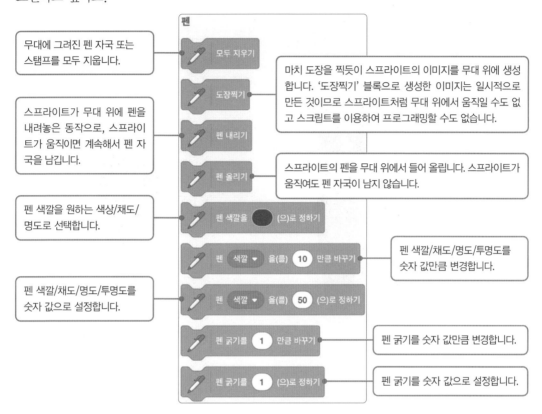

무대에 그려진 펜 자국 또는 스탬프를 모두 지웁니다.

마치 도장을 찍듯이 스프라이트의 이미지를 무대 위에 생성합니다. '도장찍기' 블록으로 생성한 이미지는 일시적으로 만든 것이므로 스프라이트처럼 무대 위에서 움직일 수도 없고 스크립트를 이용하여 프로그래밍할 수도 없습니다.

스프라이트가 무대 위에 펜을 내려놓은 동작으로, 스프라이트가 움직이면 계속해서 펜 자국을 남깁니다.

스프라이트의 펜을 무대 위에서 들어 올립니다. 스프라이트가 움직여도 펜 자국이 남지 않습니다.

펜 색깔을 원하는 색상/채도/명도로 선택합니다.

펜 색깔/채도/명도/투명도를 숫자 값만큼 변경합니다.

펜 색깔/채도/명도/투명도를 숫자 값으로 설정합니다.

펜 굵기를 숫자 값만큼 변경합니다.

펜 굵기를 숫자 값으로 설정합니다.

나만의 드로잉 동작 만들기

이제부터는 우리 몸을 움직여서 스크래치의 '펜' 기능을 수행하려고 합니다. 여러분이 직접 '펜'이 되어 스크래치 무대 위를 자유롭게 옮겨 다니며 그림을 그리는 것이지요. 다음의 예시처럼 스크래치 펜 블록 중에서 주요 기능을 몸동작으로 만들어 보세요.

① 몸동작으로 표현하고 싶은 펜 기능을 선택합니다. 여기서는 '펜 올리기'와 '펜 내리기'를 몸동작으로 표현해 봅니다.

② 기능별로 드로잉 동작을 만듭니다.

③ 완성된 동작을 그림으로 그립니다.

④ '코', '양쪽 손목', '양쪽 발목'에 색연필로 동그라미를 표시하여 주요 관절의 위치 변화를 확인해 봅니다. 만약 두 동작에서 주요 관절의 위치가 쉽게 구분되지 않으면 드로잉 동작을 수정합니다.

⑤ 완성된 동작을 해 보면서 드로잉하는 모습을 상상해 봅니다.

드로잉 동작 만들기 예시

펜 블록

드로잉 동작

펜 올리기

펜 내리기

나만의 드로잉 동작 만들기

펜 블록

드로잉 동작

펜 올리기

펜 내리기

드로잉 동작 학습시키기

티처블 머신을 사용하여 내가 만든 드로잉 동작을 컴퓨터에게 가르쳐 봅시다.

기계학습 모델 만들기

1 '티처블 머신'에 접속해 [시작하기]를 클릭합니다.

티처블 머신(teachable Machine)
https://teachablemachine.
withgoogle.com

2 드로잉 동작을 학습시키기 위해 [포즈 프로젝트]를 클릭합니다.

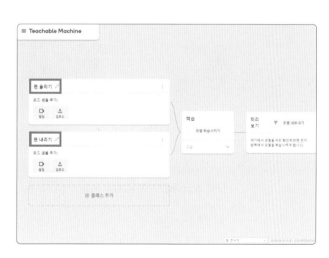

3 두 가지 드로잉 동작을 학습시키기 위해서는 두 개의 클래스를 만들어야 합니다. 첫 번째 클래스의 이름을 '펜 올리기'로, 두 번째 클래스의 이름을 '펜 내리기'로 변경합니다.

> **꿀팁** 클래스 추가하기
> [클래스 추가(⊞ 클래스 추가)]를 클릭하면 세 개 이상의 클래스를 만들 수 있습니다.

학습 데이터 수집하기

1 [펜 올리기] 클래스에 학습 데이터를 추가하기 위해 [포즈 샘플 추가] ➡ [웹캠]을 클릭합니다.

2 카메라 사용 권한 메시지가 보이면 [허용]을 클릭합니다.

3 카메라에 내 모습이 보이면 움직임 공간을 세팅합니다. 전신이 다 보이도록 서고, 바닥에 1~5번까지 다섯 개의 포인트 지점을 표시합니다.

> **꼭 확인하기** **포인트 지점 설정하기**
> - 1번 포인트: 스크린 화면 왼쪽
> - 2번 포인트: 스크린 화면의 왼쪽 중앙, 1번보다 앞으로 이동
> - 3번 포인트: 스크린 화면의 중앙, 2번보다 앞으로 이동
> - 4번 포인트: 스크린 화면의 오른쪽 중앙, 2번과 대칭
> - 5번 포인트: 스크린 화면의 오른쪽, 1번과 대칭

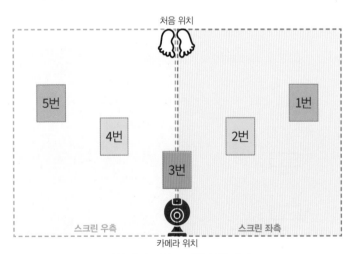

다섯 개의 포인트 지점 설정 예시

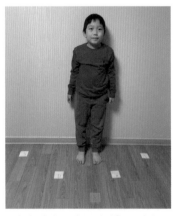

다섯 개의 포인트 지점을 표시하고
카메라를 향해 서 있는 모습

4 포인트 지점을 이동하면서 드로잉 동작 데이터를 수집하게 됩니다.

5 아래의 '도움받기'를 참고해서 친구, 선생님 혹은 가족과 함께 샘플 데이터를 촬영합니다.

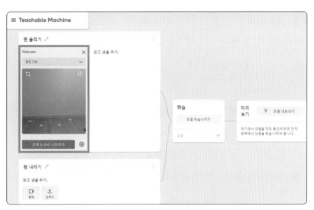

티처블 머신에 보이는 다섯 개의 포인트 지점

꼭 확인하기 **움직임 공간 세팅하기**

■ 움직임이 편하도록 충분한 공간을 확보하세요.

■ 불필요한 인식을 방지하기 위해 무늬 없는 벽이나 커튼 앞에 움직임 공간을 마련합니다.

■ 우리 몸의 위치가 바뀌어도 컴퓨터가 동작을 바르게 인식할 수 있도록 위치를 조금씩 다르게 하여 포인트 지점을 설정합니다. (**예** 몸을 왼쪽/오른쪽으로 이동, 몸을 카메라와 가까이/멀리 이동)

····· 도움받기

친구, 선생님과 함께 샘플 데이터 촬영하기

나: 1번 포인트 지점에 서서 카메라를 향해 '펜 올리기' 동작을 합니다.

친구/선생님/가족: 스크린 화면 안에 드로잉 동작이 잘 보이는지 확인하고 **[길게 눌러서 녹화하기(**길게 눌러서 녹화하기**)]** 를 클릭합니다. **[길게 눌러서 녹화하기]**를 계속 클릭하고 있으면 연속으로 촬영됩니다. 마우스 클릭을 멈추면 녹화가 정지됩니다.

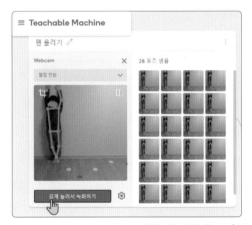

도움받기로 '펜 올리기' 동작 데이터를 수집하는 모습

6 '펜 올리기' 동작에 대해서 각 포인트 지점마다 약 30개씩 수집하고, 다섯 개의 포인트 지점을 이동하면서 총 150여 개의 샘플 데이터를 촬영합니다.

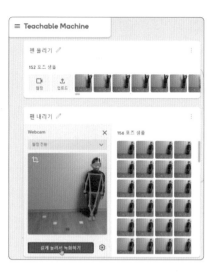

꼭 확인하기 정확한 샘플 데이터 수집하기

- 카메라에 한 명만 보이도록 합니다. 두 명 이상이 동시에 촬영될 경우 관절의 위치가 정확하게 인식되지 않을 수 있습니다.
- 정확한 샘플 데이터를 수집하기 위해 드로잉 동작을 크고 정확하게 합니다.
- 우리 몸의 위치가 바뀌어도 컴퓨터가 동작을 바르게 인식할 수 있도록 포인트 지점마다 동작을 동일하게 유지합니다.

7 **2**~**5**와 같은 방법으로 '펜 내리기' 클래스에 150여 개의 샘플 데이터를 촬영합니다.

꿀팁 혼자서 샘플 데이터 수집하기

❶ 타이머 설정을 하기 위해 [**설정(⚙)**]을 클릭합니다.

❷ 설정 메뉴의 [**길게 눌러서 녹화하기**]에서 마우스를 드래그하여 '사용 안함'으로 변경합니다. 아래 내용을 알맞게 설정하고 [**설정 저장**]을 클릭합니다.

- **FPS**: 촬영 속도입니다. 숫자가 작을수록 빠르게 촬영됩니다.
- **지연**: 촬영 전 대기 시간입니다.
- **소요 시간**: 총 촬영 시간입니다.

❸ FPS 24, 지연 10, 소요 시간 2로 설정했다면, 녹화 버튼을 누르고 10초 뒤에 녹화가 시작되고 2초 동안 촬영하며 24의 속도로 동작을 녹화하게 됩니다.

같은 방법으로 다섯 개의 포인트 지점을 이동하면서 총 150여 개의 샘플 데이터를 촬영합니다.

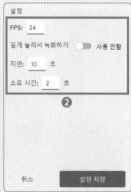

모델 학습시키기

1 샘플 데이터 추가가 완료되면 [모델 학습시키기]를 클릭합니다.

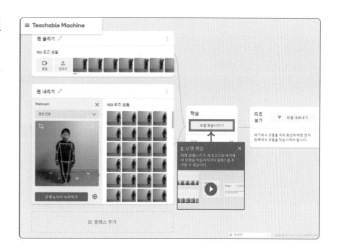

2 '탭을 전환하지 마세요.' 메시지 창이 뜨면 [확인]을 클릭하고 학습이 모두 완료될 때까지 기다립니다.

꼭 확인하기 **티처블 머신 화면 유지하기**
학습이 모두 종료될 때까지 '티처블 머신' 브라우저를 닫거나 전환하지 마세요!

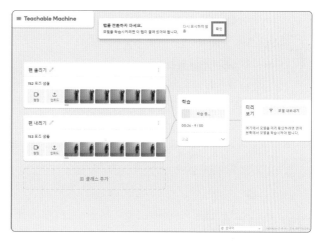

3 학습이 완료되면 학습이 얼마나 잘 되었는지 확인해 봅니다. 미리보기 화면에서 '펜 올리기'와 '펜 내리기' 동작이 각각 잘 인식되는지 테스트해 봅니다. 동작 인식률은 0~100%이며, 100에 가까울수록 정확도가 높습니다.

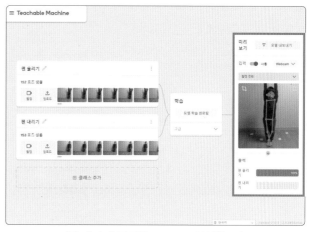

'펜 내리기' 동작을 100%로 인식한 모습

4 다섯 개의 포인트 지점에서 두 가지 동작이 잘 인식되면 [모델 내보내기]를 클릭하여 학습된 모델을 추출합니다.

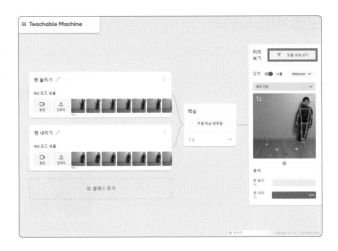

꼭 확인하기 **드로잉 동작이 잘 인식되지 않으면?**

드로잉 동작이 잘 인식되지 않으면 다음을 차례대로 시도해 봅니다.

☐ 클래스에서 정확하지 않은 샘플 동작 삭제하기

☐ 클래스에 정확한 샘플 동작 추가하기

☐ 우리 몸의 위치가 바뀌어도 컴퓨터가 동작을 바르게 인식할 수 있도록 동작을 유지하되 위치를 조금씩 다르게 하여 촬영하기(◉ 몸을 왼쪽/오른쪽으로 이동, 몸을 카메라와 가까이/멀리 이동)

☐ 클래스를 새로 다시 만들고 샘플 동작 촬영하기

☐ '펜 올리기'와 '펜 내리기' 동작이 쉽게 구분되도록 드로잉 동작 수정하기(◉ 코, 양쪽 손목, 양쪽 발목 등 주요 관절의 위치가 많이 달라지도록)

모델 업로드하기

1 [모델 업로드]를 클릭하여 학습된 모델을 클라우드에 업로드합니다.

2 모델 업로드가 완료되면 [복사]를 클릭하여 링크를 복사하고 [창 닫기]를 클릭합니다. 복사된 링크는 메모장에 기록해 둡니다.

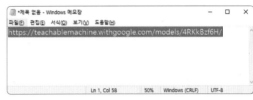

3 이제 다른 도구에서 카메라를 사용하기 위해 미리보기 화면에서 카메라를 '사용 안함'으로 변경합니다. 티처블 머신 브라우저를 종료해도 좋습니다.

> **꼭 확인하기** **티처블 머신 카메라 비활성화하기**
>
> 이제 '댄싱 위드 AI'에서 카메라를 사용할 수 있도록 티처블 머신의 카메라 사용을 비활성화합니다. 그리고 티처블 머신 외에도 웹캠을 사용하는 다른 브라우저가 열려 있는지 확인해 보세요.

AI 드로잉 프로젝트 만들기

학습된 모델 불러오기

1 '댄싱 위드 AI'에 접속해 [OPEN POSEBLOCKS!]를 클릭합니다.

댄싱 위드 AI(Dancing with AI)
https://dancingwithai.media.mit.edu/

2 [파일] ➡ [Load from your computer]를 클릭합니다.

3 '스타터 코드' 폴더에서 '(Starter Code)Happy Drawing.sb3' 파일을 불러옵니다.

4 카메라와 마이크 사용 권한 메시지가 보이면 **[허용]**을 클릭합니다.

 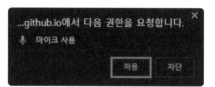

5 스프라이트 목록에서 'Pen( )'을 선택합니다.

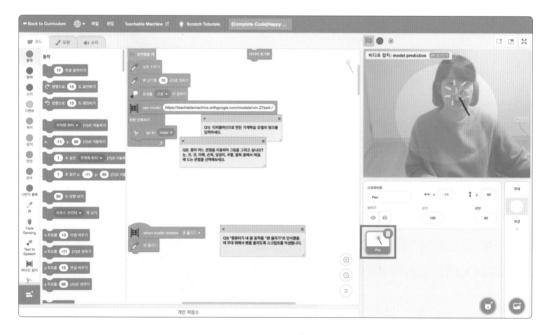

6 ⟨Quiz 1⟩ '티처블 머신'에서 복사해 두었던 링크를 마우스 오른쪽 버튼을 클릭해 [붙여넣기]를 합니다.

7 [녹색 깃발(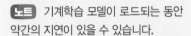)]을 클릭하여 프로젝트를 실행하고 '티처블 머신'으로 만든 기계학습 모델을 불러옵니다.

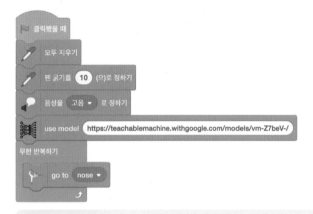

노트 기계학습 모델이 로드되는 동안 약간의 지연이 있을 수 있습니다.

노트 예시 모델
https://teachablemachine.withgoogle.com/models/vm-Z7beV-/

8 [비디오 감지(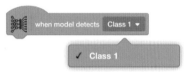)] 블록에서 '펜 올리기'와 '펜 내리기' 클래스가 모두 들어온 것을 확인합니다.

기계학습 모델을 불러오기 전 블록

꼭 확인하기 공백 확인하기

[비디오 감지()] 'when model detects' 블록에 '펜 올리기'와 '펜 내리기'가 표시되지 않으면, ⟨Quiz 1⟩의 URL을 입력하는 부분에서 공백이 포함되었는지 확인해 보세요. URL에 공백이 있는 경우에는 학습된 모델을 성공적으로 불러올 수 없습니다.

기계학습 모델을 불러온 후 블록

몸 관절의 움직임 확인하기

1 [Body Pose Sensing()] 기능을 활용하여 우리가 몸을 움직일 때 스프라이트 'Pen()'도 함께 움직여 보겠습니다.

2 ⟨Quiz 2⟩ [녹색 깃발(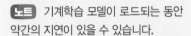)]을 클릭한 후 무대 위에서 몸을 움직여 보고, 펜이 '코'를 따라 움직이는지 확인합니다. 화살표를 클릭하여 목록을 열고 다른 관절의 움직임도 실험해 보세요. 코, 양쪽 눈, 귀, 어깨, 손목, 엉덩이, 무릎, 발목 중에서 마음에 드는 신체 부위 한 가지를 선택하세요. 여기서 선택하는 신체 부위로 드로잉을 하게 됩니다.

3 [정지(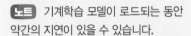)]를 클릭하여 실행 중인 프로젝트를 멈춥니다.

살랑살랑 움직여서 드로잉하기

1 [Quiz 3] 컴퓨터가 드로잉 동작을 '펜 올리기'로 인식했을 때 무대 위에서 펜을 올리도록 스크립트를 작성합니다.

2 [Quiz 4] 컴퓨터가 드로잉 동작을 '펜 내리기'로 인식했을 때 무대 위에서 펜을 내려 드로잉을 할 수 있도록 스크립트를 만듭니다.

3 [전체 화면( )]을 클릭하여 화면을 키우고, [녹색 깃발( )]을 클릭하여 프로젝트를 다시 실행합니다.

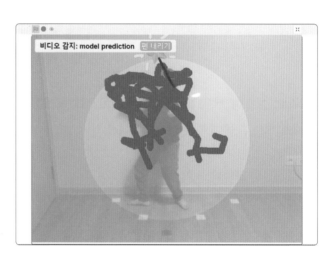

4 이제 드로잉을 시작할 준비가 되었습니다! 여러분을 행복하게 하는 것을 떠올리며 '펜 올리기'와 '펜 내리기' 동작으로 드로잉을 해 보세요.

[꿀팁] 드로잉 모습 녹화하기

[녹화( )]를 클릭하면 인공지능과 함께 드로잉하는 모습을 녹화할 수 있습니다. 단, 소리는 녹음이 되지 않습니다. 소리와 함께 녹화하는 방법은 이 책의 013~014쪽을 참고하세요.

[꿀팁] 드로잉 동작 표시 숨기기

[비디오 감지( )]에서 'model prediction'에 체크를 해제하면 기계학습 모델이 인식한 드로잉 동작 표시를 숨길 수 있습니다.

체크한 경우   체크를 해제한 경우

5 응용하기

더욱 재미있는 드로잉 작품을 만들려면 어떻게 해야 할까요? 여기서는 '댄싱 위드 AI'의 다양한 센서 인식 기능을 활용하여 더욱 풍부한 드로잉 표현을 해 봅니다.

① 내 몸의 움직임에 맞춰 펜 색깔을 바꿔 봅니다.

② 내 감정에 따라 펜 굵기를 바꿔 봅니다.

③ 큰 소리를 내어 드로잉 활동을 멈춰 봅니다.

실습 영상
https://bit.ly/3ET5SWS

＋ 더 알아보기

눈썹을 움직여서 펜 모양 바꾸기

[녹색 깃발(🏳)]을 클릭하여 프로젝트를 실행하고 화면 가까이에서 눈썹을 올려 보세요. 어떤 효과가 보이나요? 오른쪽 스크립트는 '댄싱 위드 AI'의 확장 기능인 [얼굴 센싱(Face Sensing)]을 활용한 것으로, 눈썹을 위로 올릴 때마다 펜 모양이 바뀌면서 'Magic Spell' 소리가 재생됩니다.

> **노트** 얼굴 센싱은 카메라와 가까울수록 인식이 잘 되며, 일정 거리보다 멀어질 경우 인식이 되지 않을 수 있습니다. 무대 위에서 자유롭게 움직여 보고 얼굴 센싱 기능이 가능한 적정 거리를 찾아보세요.

알록달록 물들이기

다양한 색깔로 드로잉을 하려면 어떻게 해야 할까요? [얼굴 센싱(Face Sensing)] 기능을 활용하여 내가 입을 벌릴 때마다 펜 색깔이 달라지도록 해 봅시다.

1 (Quiz 5) 다음과 같이 입을 벌릴 때마다 펜 색상이 변경되고, 'Duck' 소리를 재생하도록 스크립트를 완성합니다. 숫자가 클수록 펜 색깔이 더 많이 달라집니다.

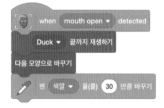

꿀팁 임의의 값만큼 색상 변경하기

다음과 같이 난수 블록을 사용하면 일정 범위 내에서 임의의 값만큼 색깔을 변경할 수 있습니다.

2 [녹색 깃발(🚩)]을 클릭하여 프로젝트를 실행합니다.

3 무대 위에서 자유롭게 드로잉을 하다가 카메라를 향해 입을 벌려 봅니다. 입을 벌릴 때마다 펜 색깔이 달라지고 'Duck' 소리가 재생되나요?

➕ **더 알아보기**

펜 색깔 지정하기

방법 1 블록 안에 설정되어 있는 색깔을 클릭하면 '색상 선택기'가 열립니다. 여기서 마우스를 움직여서 원하는 '색상', '채도', '명도'를 선택합니다.

방법 2 색상 선택기 하단에 있는 [스포이드(🖋)]를 클릭하고 마우스를 움직여 원하는 색깔로 설정합니다.

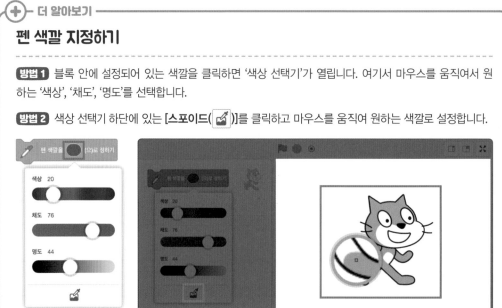

방법 1   방법 2

행복 키우기

여러분은 언제 행복한가요? 재미있는 놀이를 할 때? 좋아하는 음악을 들을 때? 소중한 추억을 떠올릴 때? 여러분을 행복하게 하는 것을 떠올리며 드로잉을 해 보세요. 그리고 행복을 더욱더 크게 키워 보세요. 과연 행복이 얼마나 자랄까요?

[얼굴 센싱(Face Sensing)] 기능을 활용하여 내가 행복할 때마다 펜이 굵어지도록 해 봅시다.

1 Quiz 6 다음과 같이 즐겁고 행복한 표정을 지을 때마다 펜이 굵어지도록 스크립트를 완성합니다. 숫자가 클수록 펜이 굵어지는 정도가 커집니다.

> **꼭 확인하기** **표정 인식이 잘 되지 않으면?**
>
> 행복한 표정이 잘 인식되지 않을 때 다음을 차례대로 시도해 봅니다.
>
> ☐ 카메라에서 너무 멀리 떨어져 있지 않나요? 인식률을 높이기 위해 카메라로부터 가까운 거리에서 표정을 지어 봅니다.
>
> ☐ 카메라에 내가 아닌 다른 사람의 얼굴도 보이나요? 정확한 인식을 위해 한 사람만 보이도록 합니다.

2 내가 좋아하는 음악을 틀거나 내가 좋아하는 것들을 생각하며 카메라를 보고 행복한 표정을 지어 보세요. 내가 행복한 표정을 지을 때 펜이 더 굵어지나요? 무대 위를 꽉 채울 정도로 행복을 키워 보세요.

★ — 도전하기

펜 굵기 줄이기

다른 표정을 지어서 펜 굵기를 줄여 보세요. 슬픈 표정(sad), 몹시 싫어하는 표정(disgusted), 화난 표정(angry), 두려운 표정(fearful) 중에서 어떤 표정이 가장 잘 인식되나요?

음숫값을 입력하여
펜 굵기 줄이기

다른 표정 인식을 선택하기

새로 그리기

드로잉을 새롭게 다시 시작하려면 어떻게 해야 할까요? 스크린에 가득 채워진 행복은 마음속에 간직하고, 새로운 행복을 드로잉해 봅시다. 큰 소리를 내어 기존 드로잉을 모두 지우고 펜 굵기를 원래대로 돌려 보겠습니다.

1 [Quiz 7] 주변 소리가 '30'일 때 스크린 위의 드로잉이 모두 지워지고 펜 굵기가 '10'으로 초기화되도록 스크립트를 작성합니다.

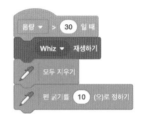

2 소리를 내어 드로잉을 지워 봅니다. 주변 소리가 얼마나 커야 드로잉이 멈추나요? 숫자를 변경하면서 적절한 값을 찾아봅니다.

3 [전체 화면( )]을 클릭하여 화면을 키우고, [녹색 깃발( )]을 클릭하여 프로젝트를 다시 실행합니다.

4 이제 드로잉을 시작할 준비가 되었습니다! 여러분을 행복하게 하는 것을 떠올리며 '펜 올리기'와 '펜 내리기' 동작으로 드로잉을 해 보세요.

꿀팁 드로잉 모습 녹화하기

[녹화( )]를 클릭하면 인공지능과 함께 드로잉하는 모습을 녹화할 수 있습니다. 단, 소리는 녹음이 되지 않습니다. 소리와 함께 녹화하는 방법은 이 책의 013~014쪽을 참고하세요.

꿀팁 드로잉 작품을 이미지 파일로 저장하기

드로잉을 모두 완성하면 무대 화면 위에 마우스 커서를 올려놓고 오른쪽 버튼을 클릭한 후에 [이미지를 다른 이름으로 저장]을 클릭합니다.

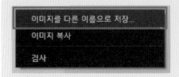

---

5 [정지( )]를 클릭하여 실행 중인 프로젝트를 멈추고 [화면 축소하기( )]를 클릭합니다.

6 프로젝트를 저장하기 위해 제목을 '(Complete Code)Happy Drawing'으로 변경하고, [파일] ➡ [컴퓨터에 저장하기]를 클릭합니다.

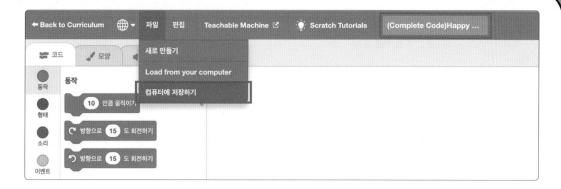

7 파일 저장 위치를 선택하고 **[저장]**을 클릭합니다. 컴퓨터에 저장된 프로젝트 파일은 댄싱 위드 AI의 **[파일]** ➡ **[Load from your computer]**에서 다시 불러올 수 있습니다.

(★)- 도전하기 ─────────────

타이머 사용하기

- -

다음과 같이 타이머 기능을 사용하여 정해진 시간이 지나면 드로잉이 멈추도록 해 보세요.

창작하기

나만의 아이디어를 추가하여 인공지능 프로젝트를 발전시키고, 완성한 프로젝트를 활용하여 근사한 퍼포먼스와 재미있는 놀이를 만들어 봅시다.

인공지능 프로젝트 발전시키기

나만의 스토리와 아이디어를 추가해 보세요. 코딩 카드를 활용하여 다양한 기능을 실험해 보고 추가해 보세요.

드로잉 작품 만들기

완성한 프로젝트를 활용하여 근사한 드로잉 작품을 만들어 봅니다.

다음의 퍼포먼스를 감상해 보고 나만의 드로잉 작품을 연출해 보세요.

작품 제목: 우리를 행복하게 만드는 것들
준비물: (Complete Code)Happy Drawing.sb3

 '퍼포먼스하기' 드로잉 작품
https://bit.ly/3CGEzfJ

나만의 드로잉 작품 만들기

작품 제목:

몸의 어느 부분을 주로 움직여서 드로잉을 했나요?

드로잉 과정을 사진이나 영상으로 촬영하여 기록해 보세요.

작품의 주요 특징을 소개해 보세요.

작품을 만드는 과정에서 어떤 느낌이 들었나요?

완성된 작품을 감상하면서 어떤 느낌이 들었나요?

완성된 작품을 'AI 놀이터(https://padlet.com/ai4funplay/LetsPlay)'에 공유해 보세요.

놀이 만들기

내가 완성한 AI 프로젝트를 가지고 재미있는 드로잉 놀이를 만들어 봅시다. 때로는 혼자서, 때로는 친구나 가족과 함께 즐겁게 드로잉 놀이를 해 보세요.

놀이 제목 **스피드 드로잉** 활동 자료 https://bit.ly/3SF79Eo ········

준 비 물 (Complete Code)Happy Drawing.sb3, 문제 스케치북

놀이 인원 여럿

놀이 방법

몸의 어떤 부분을 움직여 드로잉할지는 참가자가 선택합니다.

① 드로잉에 사용할 관절을 확인합니다. (Quiz 1 참고)

② A와 B팀으로 나누고, 팀별로 출제자 한 명을 결정합니다.

③ 출제자는 문제 스케치북에서 본 내용을 스크린 화면에 그립니다.

④ 같은 팀 참가자들은 출제자가 무엇을 그리는지 맞힙니다.

⑤ 출제자가 '다시 그리기'를 외치면 드로잉을 새로 할 수 있습니다.

⑥ 정답 맞히기가 어려울 때 '패스'를 외치면 다음 드로잉으로 넘어갑니다.

⑦ 정해진 시간 동안 한 명씩 돌아가면서 출제자가 됩니다.

⑧ A팀 드로잉이 끝나면 B팀이 드로잉을 합니다.

⑨ 정답을 더 많이 맞힌 팀이 우승합니다.

출제자가 드로잉 문제를 내는 모습   드로잉 문제를 맞히는 모습

- 문제 스케치북에 드로잉 문제를 직접 만들어 보세요. '내가 좋아하는 것', '나를 행복하게 하는 것' 등을 친구나 가족이 드로잉하고 맞히도록 해 보세요.
- 여러분이 드로잉하는 모습을 영상으로 촬영하고 감상해 보세요. 스크린에서 마치 춤을 추듯 드로잉하는 모습을 확인할 수 있을 거예요!

내가 만든 AI 프로젝트로 드로잉 놀이 만들기

놀이 제목

준 비 물

놀이 인원

놀이 방법

몸의 어떤 부분을 움직여 드로잉을 하나요?

이 놀이는 어떻게 하는 건가요? 놀이 방법을 순서대로 설명해 보세요.

어떻게 하면 더욱 신나게 놀이를 할 수 있나요?

완성된 작품을 'AI 놀이터(https://padlet.com/ai4funplay/LetsPlay)'에 공유해 보세요.

이해하기

생각하며 놀아보기

컴퓨터는 어떻게 학습을 할까요?

우리는 이전 활동에서 컴퓨터가 사람의 얼굴을 인식하고 각 부위를 찾아내는 기술을 사용하였습니다. 또한, 사람의 관절을 인식해서 어떤 동작을 하고 있는지도 파악하는 기술을 사용하기도 하였죠. 컴퓨터는 어떻게 눈, 코, 입, 그리고 각 관절과 동작을 알게 되었을까요?

먼저, 우리와 같은 사람은 어떻게 얼굴의 각 부위를 알게 되었을까요? (아래의 '사람이 학습하는 과정' 그림을 참고하세요.) 아마도 여러분은 어렸을 때 부모님으로부터 또는 선생님에게 얼굴의 각 부위 명칭을 배웠을 거예요. 얼굴의 눈을 가리키며 '여기는 눈이야', 코를 가리키며 '여기는 코야'라고 반복해서 배웠을 거예요. 여러분은 처음에는 무슨 소리인지도 몰랐겠지만, 반복해서 듣고, 여러분이 직접 움직이고 만져 보면서 '아, 여기가 눈이구나', '아, 여기가 코구나'라고 알게 되었을 거예요. 여러분이 직접 듣고, 움직이고, 만져 보면서, 그리고 이 과정을 수십 번, 수백 번 반복하면서 눈과 코를 이해하게 되었을 겁니다. 그리고 여러분은 다른 사람의 얼굴을 보면서 '나랑 같은 눈이 있네?', '나랑 비슷한 코가 있네?', 그러면서 점차 확실하게 눈과 코를 구분하고 찾아낼 수 있게 되었을 겁니다. 즉, 여러분은 얼굴과 각 부위에 대해 학습을 한 것입니다.

사람이 학습하는 과정

컴퓨터는 사람 얼굴의 각 부위를 어떻게 학습할까요? (다음 쪽의 '컴퓨터가 학습하는 과정' 그림을 참고하세요.) 컴퓨터도 사람과 비슷하게 학습합니다. 비록 사람처럼 직접 이미지를 인식하는 것은 아니지만, 숫자로 된 데이터를 가지고 '이 값들이 나오는 부위가 눈이야', '저런 값들이 나오는 곳은 코야' 하는 식으로 말이지요. 즉, '이런 값들이 나오는 곳은 눈', '저런 값들이 나오는 곳은 코'라는 정답을 달고, 이런 데이터를 수천 개, 수만 개를 학습하여 컴퓨터만이 알고 있는 일종의 규칙을 찾게 됩니다. 그런 다음에 새롭게 들어오는 데이터를 분석하여 '아, 이런 패턴이 나오니 여기가 눈이겠구나!'라고 알게 됩니다.

컴퓨터가 학습하는 과정

컴퓨터의 학습 방법은 사람의 학습 방법과 비슷합니다. 그리고 컴퓨터와 같은 기계를 학습시키는 방법을 연구하는 분야를 바로 **기계학습**(Machine Learning)이라고 합니다. 그중에서 '여기가 눈이야', '여기가 코야'라고 정답을 알려주고 학습하는 방법을 **지도학습**(Supervised Learning)이라고 합니다.

컴퓨터가 지도학습 방식으로 배운다면 어떤 일들을 할 수 있을까요? 그림 속 등장인물이나 사물에 대해 이름을 붙여서 컴퓨터에 학습하게 시킨다면, 새로운 그림 속 등장인물과 사물을 분류할 수 있습니다. 엑스레이를 사진에서 암으로 밝혀진 부분을 표시한 뒤 컴퓨터에 학습시키고, 새로운 엑스레이를 보여주면 암인지 아닌지를 빠르게 진단할 수도 있습니다. 물론, 이런 방식이 아직 완벽하지는 않습니다. 사람들이 컴퓨터가 분류한 부분을 다시 확인하는 과정도 필요합니다.

사람과 컴퓨터가 학습하는 지도학습은 어떤 차이가 있을까요? 사람은 적은 수의 경험과 사례로도 학습할 수 있습니다. 단지 수십 개의 사진만으로 얼굴의 위치를 구분할 수 있지요. 하지만 컴퓨터는 사람보다 훨씬 많은 학습 데이터가 필요합니다. 수천 장, 수백만 장의 사진이 필요할 때도 있습니다. 또한, 사람은 눈으로 보고, 귀로 듣고, 직접 만져 보면서 학습할 수 있습니다. 하지만 컴퓨터는 사람처럼 신체 감각이나 동작을 통해 학습하는 것이 아니라 주어진 데이터 또는 인식된 데이터를 가지고 학습하게 됩니다.

사람과 컴퓨터의 가장 큰 차이점은 무엇일까요? 바로 **상상력**과 **창조하는 힘**입니다. 여러분이 아주 조금 알고 있거나 전혀 알고 있지 못하는 부분에 대해서 엉뚱하게 상상하고, 그러면서 가설을 세우고 검증하는 과정을 통해 새로운 것을 창조하기도 하죠. 그리고 이 과정은 직접 부딪혀 보면서 실패하고, 다시 하고, 또 실패하는 과정을 통해 스스로 깨닫게 됩니다. 하지만 지도학습으로 배운 컴퓨터는 사람보다 빠르게 인식하고 분류할 수 있지만, 새로운 것을 만들어 내는 것은 어렵습니다. 기계학습 분야에서는 이런 사람의 학습 방법을 흉내 내기 위하여 정답을 알려주지 않고 규칙을 찾아내는 **비지도학습**(Unsupervised Learning)이나, 어떤 데이터도 주지 않고 게임의 규칙만 알려주고 스스로 게임을 하면서 학습할 수 있도록 하는 **강화학습**(Reinforcement Learning)을 연구하고 있으며, 그 결과가 현실에 적용되고 있습니다.

2016년에 우리나라에서 진행한 이세돌과 알파고의 바둑 경기는 1:4로 알파고가 이긴 아주 큰 역사적인 사건이었습니다. 알파고를 만든 딥마인드는 처음에는 지도학습과 강화학습을 같이 사용하여 알파고를 개발하다가 나중에는 강화학습만 사용하여 학습시켰고, 바둑 분야에서는 더 이상 사람이 이길 수 없는 경지에 다다르기도 하였습니다.

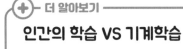 더 알아보기

인간의 학습 VS 기계학습

기계학습에 대해 관심이 더 생겼나요? 컴퓨터가 어떻게 학습하는지, 그리고 우리는 어떻게 학습하는지에 대해 더 알고 싶다면 다음 영상을 참고해 보세요.

What is Machine Learning?
https://bit.ly/3p2Jd1l

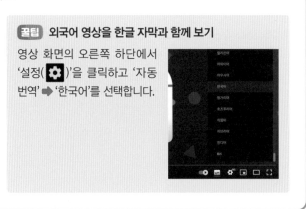

꿀팁 **외국어 영상을 한글 자막과 함께 보기**

영상 화면의 오른쪽 하단에서 '설정(⚙)'을 클릭하고 '자동 번역' ➡ '한국어'를 선택합니다.

3부 '살랑살랑 드로잉'에서는 몸을 움직여서 드로잉을 할 수 있는 인공지능 기술을 살펴보고 주요 원리를 탐구해 보았습니다. '티처블 머신(Teachable Machine)'과 '댄싱 위드 AI(Dancing with AI)'를 사용하여 내 몸의 움직임에 맞춰 드로잉을 하는 인공지능 프로젝트를 직접 만들어 보고, 스크린과 움직임 공간을 도화지 삼아 자유롭게 몸을 움직이며 드로잉을 했습니다. 또, 인공지능과 함께 즐거운 놀이도 해 보고, 드로잉 작품도 창작해 보았습니다. 지금껏 했던 활동들을 다시 한번 떠올려 보고 아래의 질문에 답하면서 여러분의 생각을 정리해 보세요.

인공지능과 함께 그리기

손으로 그린 그림과 인공지능 프로젝트에서 몸을 움직여 그린 작품 중에 무엇이 더 마음에 드나요?
왜 그러한가요?

인공지능 프로젝트에서 몸을 움직여 드로잉을 할 때 무엇이 가장 흥미로웠나요?

인공지능 프로젝트에서 몸을 움직여 드로잉을 할 때 무엇이 가장 힘들었나요?
어떻게 해결하였나요?

내가 만든 인공지능 드로잉 프로젝트에서 새롭게 도전하고 싶은 것이 있나요?

공감하기

인공지능 기술이 발전해서 우리 생활 속에서 다양한 기술이 사용된다면 좋은 일만 있을까요?
다음 상황에서 여러분이 명수라면 어떻게 행동해야 할지 생각해 봅시다.

명수는 사진작가가 꿈이다. 그래서 평소에 디지털카메라를 이용하여 멋진 풍경과 귀여운 동물들, 그리고 가족과 친구들의 다양한 표정을 카메라에 담는다. 명수는 A 회사에서 만든 사진 저장 및 공유 서비스를 사용한다. 이 서비스는 사진을 업로드하면 인공지능 기술을 이용하여 사람과 사물을 분류하고, 단어 검색으로 쉽게 사진을 찾을 수 있다. 명수는 친구들의 사진을 여러 장 업로드하였고, 얼마 뒤 분류된 결과를 살펴보다가 깜짝 놀라는 일이 있었다. 바로 명수 친구 중 수정이라는 친구가 있었는데, 수정이가 다른 친구들보다 피부가 까무잡잡하였다. 그런데 다른 친구들은 모두 사람으로 분류되었는데, 수정이는 원숭이로 분류되고 말았다. 이 사실을 수정이가 알면 매우 속상해할 것 같아서 명수는 걱정이 되었다. 다른 사진들에서도 수정이는 대부분 원숭이로 분류되었다. 명수는 이 서비스를 계속 사용할지 말지 고민이 들었다.

위 상황에서 여러분이 생각하는 문제는 무엇인가요?

여러분이 명수라면 이런 상황에서 인공지능 기반 사진 저장 및 공유 서비스를 계속 사용할까요?
그 이유는 무엇인가요?

실제로 다음과 같은 사례가 있었어요.

2018년 발표된 MIT 미디어랩 연구원의 논문에 따르면, 1,270 개의 사진을 사용하여 3개의 얼굴 인식 인공지능 기술을 사용하여 얼굴 인식을 실행해 본 결과, 사진 속의 사람이 백인일 경우 인공지능 시스템은 99%까지 정확하게 맞히지만, 피부색이 어두워질수록 오류 발생률이 올라가고, 특히 피부색이 어두운 여성의 이미지는 최고 35%까지 오류가 발생한다고 발표하였습니다.[19]

지금까지 배운 인공지능 기술을 떠올려 보면서 다음 질문에 대해 더 고민해 봅시다.

- 우리 주변에서 마치 사람이 만든 것처럼 예술 작품을 만드는 인공지능 기술에는 어떤 것들이 있을까요?
- 그런 인공지능 기술을 사용하였을 때 느꼈던 감정은 무엇인가요?
- 문제가 발생했을 때 누구의 잘못이 가장 클까요? 그 이유는 무엇일까요?
- 인공지능의 잘못된 판단은 누구에게 어떤 영향을 줄까요?

얼굴 인식을 하는 인공지능 기술을 학습시키기 위해서는 수많은 얼굴 이미지 데이터가 필요합니다. 이 과정에서 어떤 종류의 이미지 데이터를 사용하는가는 매우 중요한 문제입니다. 만약 백인 얼굴이 나온 이미지는 눈, 코, 입을 명확히 구분한 수천 장을 사용하고, 흑인 얼굴이 나온 이미지는 눈, 코, 입을 잘 구분할 수 없는 적은 수의 데이터를 사용한다면 백인의 얼굴은 명확하게 구분할 수 있지만, 흑인 얼굴은 사람의 얼굴로 인식하지 못할 수 있습니다.

사람은 새로운 것을 배우면서 좋고 나쁨, 올바름과 그름에 대한 판단을 함께 배웁니다. 하지만 지금의 컴퓨터가 학습하는 방법에서는 사람이 쉽게 찾을 수 없는 패턴을 찾아낼 수는 있지만, 그 결과가 좋은 것인지 나쁜 것인지 또는 어떤 의미를 갖는지 알지 못합니다. 사람보다 바둑을 훨씬 잘 두는 알파고는 바둑에서 이기기 위한 방법을 찾아내는 것에는 탁월하지만, 그 과정이 어떻게 진행되는지 그리고 그 결과가 어떤 의미를 갖는지 설명해 주지 않습니다. 따라서 인공지능 기술로 컴퓨터를 학습시킬 때는 데이터 자체에 문제가 없는지, 그 데이터에 어느 한쪽의 정보만 담겨 있지는 않은지를 살펴보고 인공지능의 결과를 신중하게 판단해야 합니다.

인공지능과 윤리: 공평한 접근과 알고리즘 편향성

인공지능이 학습하는 데 사용하는 데이터 중에는 사람들이 만들어 놓은 데이터를 수집하여 사용하기도 합니다. 이때 의도하지 않게 사람들의 편견이 반영된 데이터를 사용하게 되고, 특정 집단의 사람들에게만 유리하게 동작할 수 있습니다. 인공지능을 학습시키거나 사용할 때 우리는 소외된 사람은 없었는지, 다양한 사람이 혜택을 받을 수 있는지를 생각해야 합니다. 다음 영상을 참고해 보세요.

Ethics & AI: Equal Access and Algorithmic Bias
https://bit.ly/33AFtNq

최근 급격히 증가하는 새로운 탠저블 인터페이스(Tangible Interface)와 스마트 기기들은 우리에게 코딩에 대한 새로운 기회를 제공합니다. 우리의 몸을 학습 경험에 반영하는 것이지요.

이러한 새로운 접근은 아이들이 운동에 참여함으로써 신경 및 근육 조직의 발달을 촉진하고, 종합적인 운동 능력을 발달시켜 건강하게 성장할 수 있게 돕습니다.

— 《코딩 플레이그라운드》(마리나 유머시 버스 지음) 중에서

4부

폴짝폴짝 스토리

몸으로
놀아보기

스타터 코드로
놀아보기

생각하며
놀아보기

준비하기

몸을 움직여서 만화 속 캐릭터를 움직이고 배경을 바꿀 수 있을까요? 잘 짜인 시나리오나 미리 제작해 둔 이미지를 사용하지 않고 기계와 함께 실시간으로 애니메이션을 만들 수 있을까요?

4부 '폴짝폴짝 스토리'에서는 '우리 몸의 움직임'을 애니메이션 작품의 재료로 사용합니다. 우리 몸을 움직여 캐릭터를 등장시키거나 움직이고, 인공지능과 함께 실시간으로 소통하면서 온몸으로 애니메이션을 창작합니다. 여기서는 미리 계획된 스토리나 이미지 대신에 인공지능의 센서와 인식 기술을 활용하여 나만의 캐릭터를 만들고, 우리 몸의 움직임에 맞춰 실시간으로 피드백하며 스토리를 전개합니다.

- ◉ 신웨 양(Xinyue Yang)의 '낙서하는 스피치(Scribbling Speech)'와 리처드 이(Richard Yee)가 개발한 '칼리도페이스(Kalidoface)'로 만든 애니메이션 작품을 감상하고 작품의 특징을 살펴봅니다.

- ◉ 인공지능의 센서와 인식 기술을 활용하여 나만의 AI 애니메이션 프로젝트를 구현하고, AI 프로젝트와 협업하여 즐거운 놀이와 퍼포먼스를 창작합니다.

- ◉ 기계학습에 활용되는 데이터의 종류와 유형을 살펴보고 주요 특징을 비교해 봅니다.

- ◉ 기계학습 과정에서 발생할 수 있는 편향성 문제들을 살펴보고, 인공지능 기술을 책임감 있고 공정하게 사용하기 위한 방안을 탐색합니다.

신웨 양과 리처드 이의 애니메이션 작품과 창작하는 과정을 영상으로 감상해 보세요.

'Scribbling Speech
(신웨 양, 2018)'[20]
https://bit.ly/3HKZEpU

'Scribbling Speech
(신웨 양, 2018)' 제작 과정
https://bit.ly/3kRzPLS

'Kalidoface 3D (리처드 이, 2021)'[21]
https://3d.kalidoface.com/

리처드 이의 'VTubers를 위한
실시간 움직임 감지 (2021)'
https://bit.ly/3HMOPnl

작품 감상하기

작품별로 어떤 느낌이 드나요?

작가는 무엇을 표현한 걸까요?

어떤 재료를 사용하였나요?

작품들 중에서 가장 인상 깊은 것은 무엇인가요? 왜 그러한가요?

작품들의 공통점은 무엇인가요?

신웨 양이 개발한 〈Scribbling Speech〉는 음성을 인식하고 분석하여 3D 화면에 그려 내는 도구입니다. 사용자가 문장이나 단어를 말하면 학습된 알고리즘과 순환 신경망을 기반으로 주요 키워드를 추출합니다. 예를 들어, "새가 바다 위를 날고 있습니다"를 말하면 컴퓨터는 '바다', '새', '위'를 추출하고 이것을 이미지로 변환합니다. 방향이나 위치, 거리와 관련된 단어 역시 3차원 공간에 반영할 수 있습니다. 화면에 그려지는 이미지들은 구글의 퀵드로우(Quickdraw, https://quickdraw.withgoogle.com)에 수집된 데이터 세트를 활용한 것입니다.

리처드 이가 개발한 〈Kalidoface 3D〉는 얼굴을 비롯한 우리 몸의 움직임, 얼굴 표정, 손과 발의 동작을 추적하여 3D 화면에 반영하는 웹 기반 도구입니다. 사용자가 취하는 동작을 3D 캐릭터가 실시간으로 반영하여 마치 애니메이션 속 주인공이 된 느낌이 들도록 합니다. 배경이나 소품 이미지를 직접 업로드하여 다양한 애니메이션 효과를 낼 수도 있습니다. 짧은 영상을 녹화하여 SNS에 공유할 수도 있습니다.

신웨 양과 리처드 이에게 3D 환경은 미리 제작한 캐릭터와 소품들을 잘 짜인 시나리오에 맞춰 그려 내는 가상의 공간이 아니라 인공지능과의 협업과 소통을 기반으로 만들어 내는 새로운 세계입니다. 여러분도 직접 몸을 움직여서 인터랙티브한 애니메이션[22]을 만들어 보세요. 여러분이 상상하는 것들을 더욱 입체적으로 표현할 수 있도록 인공지능 기술과 협업해 보세요. 직접 몸을 움직이고, 인공지능과 협업하여 애니메이션을 창작하는 모든 과정이 즐거운 실험이자 마법처럼 느껴질 거예요!

 도전하기

Kalidoface 3D로 실험하기 | 활동 자료 | https://bit.ly/3MqPoqb

Kalidoface 3D 화면에서 자유롭게 몸을 움직여 보고 애니메이션을 만들어 보세요.

Kalidoface 3D로 캐릭터를 움직이는 모습

무빙마블로 놀아보기

몸으로 놀아보기

애니메이션 속의 캐릭터는 어떻게 움직이나요? 우리가 일상생활을 할 때 움직이는 것과 만화 속 주인공의 움직임은 어떻게 다른가요? **폴짝폴짝 스토리** 파트에서의 '무빙마블'은 여러 동작을 표현하는 '동작 카드'와 다양한 질감, 형태, 감정 등을 나타내는 '표현 카드'를 조합하여 움직임을 표현할 수 있도록 도와줍니다. '무빙마블'을 활용해서 마치 만화 속 주인공처럼 몸을 움직여 봅시다.

놀이 제목 **여러 표현 만들기** [활동 자료 https://bit.ly/3TwKJpo]

준 비 물 움직임 카드(3), 무빙마블 활동지(2), 주사위, 펜

놀이 인원 혼자 또는 여럿

놀이 방법

① '무빙마블 활동지(2)'를 펼쳐 놓고 '표현 카드'는 초록색 칸에, '동작 카드'는 보라색 칸에 올려 둡니다.

② 처음 주사위를 굴려서 나온 숫자는 '표현 카드' 위치, 다음 주사위를 굴려서 나온 숫자는 '동작 카드' 위치입니다.

③ 두 카드가 만나는 지점을 체크하고 '표현 카드'의 단어와 '동작 카드'의 단어를 몸으로 어떻게 표현할지 생각해 본 후 움직여 봅니다.

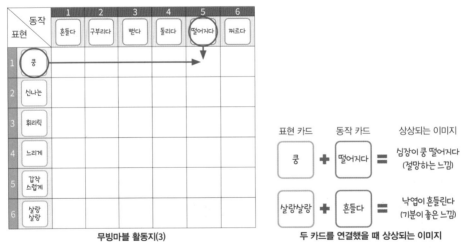

무빙마블 활동지(3)

'표현 카드'와 '동작 카드' 선택하기와 연결하기 예시

④ '표현 카드'와 '동작 카드'를 연결했을 때 상상되는 이미지를 단어 혹은 문장으로 작성해 보고 몸으로 표현합니다.

- 다양한 분위기의 음악에 맞추어 움직여 보세요.
- 여러 명이 함께 놀이를 한다면 서로 다르게 표현되는 움직임을 관찰해 보세요.

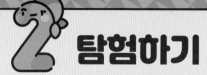

2 탐험하기

몸으로 놀아보기

몸 관찰하기

우리는 말과 글로만 이야기를 전달할 수 있을까요? 이야기를 전달하는 방법 중에는 바디랭귀지, 제스처, 마임,[23] 수화 등 몸의 움직임으로 상황을 표현하거나 하고 싶은 이야기를 전달할 수 있답니다. '몸으로 표현하기' 놀이를 통해 내가 하고 싶은 이야기를 몸의 움직임으로 전달해 보세요.

놀이 제목 **몸으로 말해요** 활동 자료 https://bit.ly/3eI3nvN

준 비 물 예시 문장, 움직임 카드(3)

놀이 인원 혼자 또는 여럿

놀이 방법

① '예시 문장'을 하나 선택합니다.

② 선택한 '예시 문장'에 어울리는 느낌이나 표현을 '표현 카드'에서 선택합니다.

③ 선택한 내용을 잘 나타낼 수 있는 움직임을 '동작 카드'에서 선택합니다.

④ 어떤 신체 부위로 움직여 표현할지 생각해 봅니다. '몸 카드' 중에서 하나를 선택해도 좋습니다.

⑤ 선택한 신체 부위로 '표현 카드'와 '동작 카드'의 내용을 표현해 보고 영상으로 기록합니다.

⑥ 영상을 전달하고 싶은 가족이나 친구에게 전송해서 어떤 것을 표현했는지 맞히게 해 보세요.

꿀팁 둘이서 함께 놀이를 할 때
한 명은 카드를 제시하고 영상을 촬영해 주는 역할을 하고, 한 명은 제시하는 카드를 표현하는 역할을 합니다.

예시 문장 선택하기

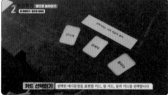
표현 카드, 동작 카드, 몸 카드 선택하기

움직임으로 표현하기

- 꼭 문장에 있는 모든 단어를 표현하지 않아도 됩니다.
- 어울리는 음악을 들으면서 표정도 함께 보여준다면 더욱 잘 표현될 거예요.
- 천천히, 빠르게, 반복, 멈췄다가 다시 시작하기 등 다양한 속도와 템포로 움직여 보세요.
- 위, 아래, 중간, 왼쪽, 오른쪽 등 방향과 공간을 다양하게 사용하면서 움직여 보세요.

표현하기 　몸으로 놀아보기

나를 지켜 주는 몬스터 만나기

여러분은 어떤 것을 두려워하나요? 내가 두려워하는 것으로부터 나를 지켜 주고, 내가 가장 어려워하거나 싫어하는 것을 극복할 수 있도록 힘을 주는 '나만의 몬스터'가 있다면 어떨까요? 먼저, 내가 두려워하는 것에 대해 작성해 보세요.

내가 두려워하는 것

어떤 것이 가장 두렵나요? 내가 가장 어려워하거나 싫어하는 것, 두려워하는 것들을 떠올려 봅시다.

위의 것들을 떠올렸을 때 어떤 느낌이 드나요?

극복하려면 어떤 것들이 필요할까요?

내가 두려워하는 것으로부터 나를 지켜 주고 도와줄 '나만의 몬스터'의 모습과 성격, 특징을 상상해 보고 그림으로 그려 봅시다.

나만의 몬스터 그리기

색연필을 사용하여 나만의 몬스터를 그려 보세요.

몬스터의 얼굴은 생겼나요? 무슨 색으로 표현하였나요?

몬스터의 몸통은 어떤 모양인가요? 무슨 색으로 표현하였나요?

몬스터의 팔과 다리는 어떻게 생겼나요? 무슨 색으로 표현하였나요?

내가 만든 '나만의 몬스터'에 어울리는 이름과 주요 특징을 생각해 봅니다. 또, 몬스터가 어떤 특별한 능력으로 나를 지켜 주고 도와주는지 상상해 봅시다.

나만의 몬스터 이야기

몬스터 이름은 무엇인가요?

몬스터는 어떤 성격과 특징을 갖고 있나요?

몬스터는 어떤 특별한 능력을 가지고 있나요?

몬스터는 어떤 상황에서 어떤 방법으로 나를 도와주나요?

'나만의 몬스터'의 도움을 받아 어려움을 극복하는 스토리를 네컷 만화[24]로 만들고 몸으로 표현해 보세요.

나만의 몬스터 움직임 만들기

'나만의 몬스터' 이야기를 네컷 만화로 그려 보세요.

장면 1	장면 2

장면 3	장면 4

각 장면별로 몬스터는 어떻게 움직일까요?

스토리 전개에 따라 어울리는 몬스터의 움직임, 주요 신체 부위, 표현 방법 등을 생각해 보세요. 여러분이 직접 몬스터가 되어 몸으로 표현해 보세요. 그리고 몬스터의 움직임 장면을 녹화하여 동영상 파일로 저장하고 감상해 보세요!

실행하기

몸을 움직여서 몬스터를 움직이는 인공지능 프로젝트를 직접 만들어 봅니다.

① 나만의 몬스터를 디자인합니다.

② 얼굴 근육의 움직임으로 몬스터를 움직입니다.

③ 몬스터와 함께 실시간으로 짧은 애니메이션을 완성합니다.

실습 영상
https://bit.ly/3TIWXvJ

AI 애니메이션 프로젝트 만들기

여러분은 채소를 골고루 잘 먹나요? 여기서는 채소 먹기를 두려워하는 친구들을 위해 채소 몬스터를 만들고, 몬스터와 함께 맛있게 먹어 봅니다. 몬스터와 함께 즐거운 놀이를 하고 나면 이전보다 채소를 더욱 좋아하게 될 거예요!

몸 관절의 움직임 확인하기

1 '스크래치 랩'에 접속해 [Face Sensing(얼굴 센싱)]을 클릭합니다.

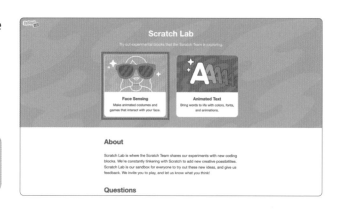

스크래치 랩(Scratch Lab)
https://lab.scratch.mit.edu/

2 [Try it out(사용해 보기)]을 클릭합니다.

3 카메라 사용 권한 메시지가 보이면 [허용]을 클릭합니다.

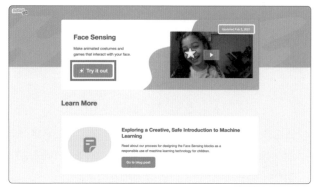

4 [파일] ➡ [Load from your computer]를 클릭합니다.

5 '스타터 코드' 폴더에서 '(Starter Code)Vegetable Monster.sb3' 파일을 불러옵니다.

6 프로젝트가 열리면 [녹색 깃발(🚩)]을 클릭하여 실행합니다.

7 스프라이트 목록에서 'nose(🙂nose)'를 선택합니다.

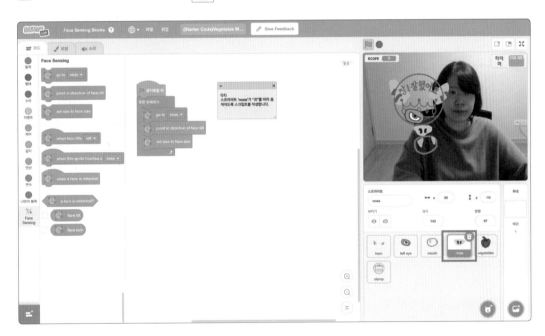

8 Quiz 1 무대 위에서 몸을 움직여 보고, 스프라이트 'nose'가
'코'를 따라 움직이는지 확인합니다. 'nose'가 잘 움직이면 다음과
같이 화살표를 클릭하여 목록을 열고 다른 관절의 움직임도 실험
해 봅시다. 코, 입, 양쪽 눈과 귀, 머리 꼭대기 중에서 마음에 드
는 신체 부위 한 가지를 선택하세요. 여기서 선택하는 신체 부위
로 몬스터의 코를 움직이게 됩니다.

> **꿀팁** 얼굴 센싱(Face Sensing)이 잘 되지 않으면?
> 카메라로부터 너무 멀리 떨어지면 얼굴 센싱이 잘 되지 않을 수 있습니다.
> 적절한 거리로 테스트해 보세요.

나만의 몬스터 디자인하기

1 몬스터의 뿔을 움직이기 위해 스프라이트 목록에서 'horn()'을 선택합니다.

2 (Quiz 2~4) 머리 꼭대기를 움직여 몬스터의 뿔을 움직이도록 'top of head'를 선택하고, 얼굴 기울기에 알맞게 'horn'의 중심점을 조절합니다. 카메라에 인식된 얼굴이 가까울수록 뿔이 크게 보이도록 얼굴 크기에 맞춰 'horn'의 크기도 조절합니다.

3 내 머리를 따라서 몬스터의 뿔이 움직이는지 확인합니다. 카메라에 얼굴을 가까이 또는 멀리 대보면서 자유롭게 기울여 봅니다.

4 [정지( )]를 클릭하여 실행 중인 프로젝트를 멈춥니다.

5 몬스터의 눈을 움직이기 위해 스프라이트 목록에서 'left eye( )'를 클릭합니다.

6 (Quiz 5) 왼쪽 눈을 움직여서 스프라이트 'left eye'를 움직이도록 스크립트를 완성합니다. **2**와 동일한 방법으로 왼쪽 눈의 중심점과 크기를 얼굴 크기에 맞춥니다.

7 이번에는 몬스터의 눈을 새로 그려 보겠습니다. [모양(✏️ 모양)] 탭에서 [모양 고르기(🐻)] ➡ [그리기(🖌️)]를 클릭합니다.

8 모양 리스트에 '모양 1'이 추가되면 그림판 도구를 활용하여 몬스터의 왼쪽 눈을 새로 그립니다.

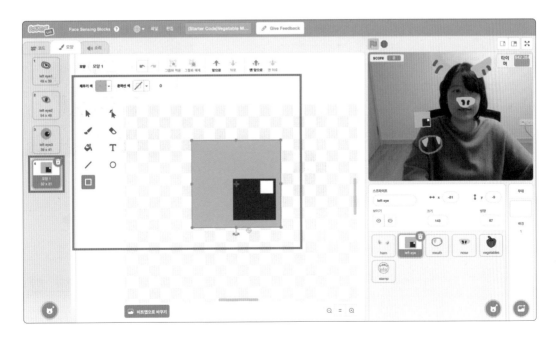

9 그림을 완성하면 모양 이름을 'left eye4'로 변경합니다.

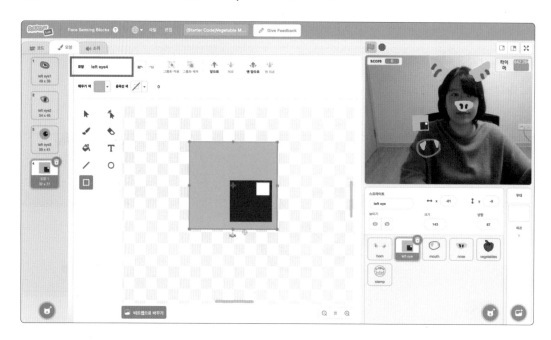

10 [녹색 깃발(🏳)]을 클릭하여 프로젝트를 다시 시작하고, 모양 리스트에서 'left eye4'를 선택하여 새로 그린 몬스터 눈이 왼쪽 눈을 따라 움직이는지 확인합니다.

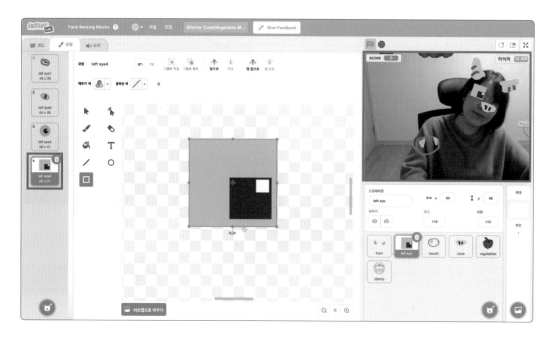

11 [코드(🐷 코드)] 탭을 클릭하여 스크립트 작성 화면으로 돌아옵니다.

12 (Quiz 6) 얼굴을 왼쪽으로 기울일 때 'left eye' 색상을 '25'만큼 변경합니다.

13 (Quiz 7) 얼굴을 오른쪽으로 기울일 때 'left eye'의 모양을 '다음 모양'으로 변경합니다.

14 카메라 앞에서 얼굴을 왼쪽, 오른쪽 방향으로 기울여 보세요. 몬스터 눈의 색깔과 모양이 바꿔나요?

15 (Quiz 8) 이번에는 몬스터의 오른쪽 눈을 만들어 보겠습니다. 스프라이트 'left eye' 위에서 마우스 오른쪽 버튼을 클릭하여 [복사]를 클릭합니다.

16 (Quiz 9) 새로 만들어진 스프라이트 'left eye2'의 이름을 'right eye'로 변경합니다.

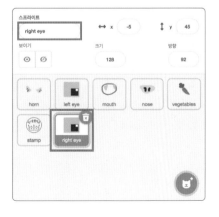

17 (Quiz 10) 스프라이트 'right eye'의 [모양(🖌 모양)] 탭에서 'left eye1~4' 모양 이름을 'right eye1~4'로 변경합니다.

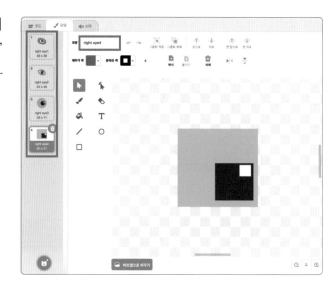

18 (Quiz 11) 그림판 도구에서 [선택(▶)]을 클릭하고 [좌우 뒤집기(◀▶)]를 클릭하여 'right eye1~4'의 모양을 완성합니다.

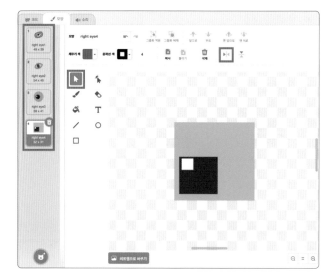

19 (Quiz 12) 스프라이트 목록에서 'right eye'가 선택된 상태에서 [코드(🖥 코드)] 탭을 클릭하여 스크립트 화면으로 전환합니다. 'go to' 블록에서 오른쪽 눈의 움직임에 맞춰 스프라이트 'right eye'가 움직이도록 변경합니다.

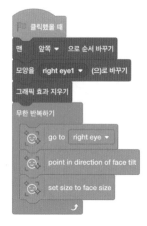

20 [녹색 깃발(🚩)]을 클릭하여 스프라이트 'right eye'가 오른쪽 눈을 따라 움직이는지 확인합니다. 얼굴을 왼쪽으로 기울이면 색깔이 바뀌나요? 또, 얼굴을 오른쪽으로 기울이면 모양이 변경되나요?

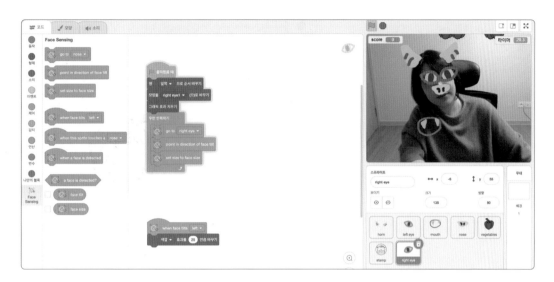

21 [정지(⬛)]를 클릭하여 실행 중인 프로젝트를 멈춥니다.

22 (Quiz 13) 이제 몬스터의 입을 움직여 보겠습니다. 스프라이트 목록에서 'mouth(⬭)'를 클릭하고 내 입의 움직임에 맞춰 몬스터의 입을 움직이도록 스크립트를 작성합니다.

23 [녹색 깃발(🚩)]을 클릭하여 몬스터의 뿔, 눈, 코, 입이 여러분의 얼굴에 맞춰 움직이는지 확인합니다.

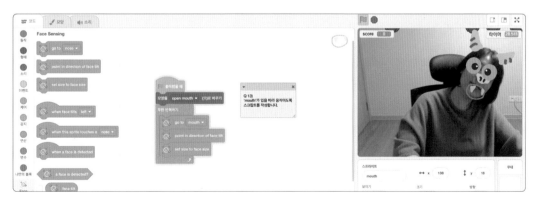

24 [정지(⬛)]를 클릭하여 실행 중인 프로젝트를 멈춥니다.

폴짝폴짝 움직여서 애니메이션 만들기

1 스프라이트 목록에서 'vegetables( )'를 선택합니다.

2 [모양(모양)] 탭에서 모양 세
가지를 확인합니다.

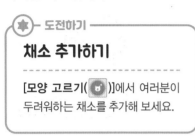

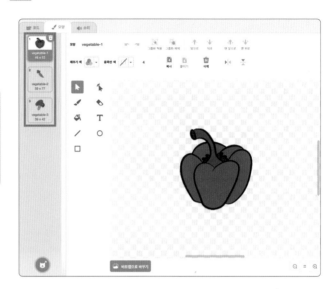

3 [코드(코드)] 탭을 클릭하여 스크립트 화면으로 전환합니다.

4 (Quiz 14) 스프라이트 'vegetables( )'의 세 가지 모양
중에서 임의의 것을 골라서 스크린 화면 위에서 떨어지도
록 스크립트를 완성합니다.

5 (Quiz 15) 얼굴이 카메라에 가까울수록 스프라이트 'vegetables'가 더 빨리 떨어지도록 스크
립트를 작성합니다. 여기서는 자연스러운 효과를 내기 위해 'y' 좌표를 '(−1 × (face size ÷ (20
부터 40 사이의 난수))'로 설정합니다.

꼭 확인하기

내 움직임 공간에 적절한 숫자 값이 무엇인지 실험해 보고 수식에 적절한 숫자 값을 입력하세요.

6 (Quiz 16) 이번에는 몬스터가 채소를 맛있게 먹는 효과를 내 보겠습니다. 스프라이트 'vegetables()'가 'mouth( )'에 닿을 때 'eat' 신호를 보내고, 변수 'score'에 1점을 누적합니다. 이때 소리 'Bite'를 재생하고, 화면 위에서 모양은 숨기도록 스크립트를 작성합니다.

7 스프라이트 목록에서 다시 'mouth( )'를 클릭합니다.

8 (Quiz 17) 스프라이트 'mouth'가 'eat' 신호를 받을 때 모양을 'close mouth'로 변경했다가 다시 'open mouth'로 변경하도록 스크립트를 작성합니다.

9 마지막으로 애니메이션 재생 시간을 설정해 보겠습니다. 스프라이트 목록에서 'stamp( )'를 클릭합니다.

10 (Quiz 18) 프로젝트를 실행한 후 30초가 지나면 스프라이트 'stamp'가 보이고, 'Tada' 소리를 재생합니다. 그러고 나서 프로젝트 실행을 종료합니다.

11 [전체 화면( )]을 클릭하여 화면을 키우고, [녹색 깃발( )]을 클릭하여 프로젝트를 다시 실행합니다.

12 이제 몬스터와 함께 채소 먹기 애니메이션을 만들 준비가 되었습니다! 몬스터의 도움을 받아 채소들을 맛있게 먹어 보세요.

컴퓨터 속이기

눈, 코, 입을 가진 인형을 가지고 얼굴 센싱 기능을 테스트해 보세요. 사람이 아닌 다른 사물들을 가지고 여러 가지 실험을 해 보세요. 과연 컴퓨터는 인형의 눈, 코, 입도 사람의 것으로 인식할까요? 컴퓨터를 속이는 방법은 몇 가지나 될까요?

사람처럼 눈, 코, 입이 있는 인형 예시

인형으로 컴퓨터를 속이는 모습 예시

> **꿀팁** 몬스터와 함께 채소를 먹는 모습 녹화하기
>
> [녹화(◉)]를 클릭하면 인공지능과 함께 애니메이션을 연출하는 모습을 녹화할 수 있습니다. 단, 소리는 녹음이 되지 않습니다. 소리와 함께 녹화하는 방법은 이 책의 013~014쪽을 참고하세요.

13 [정지(●)]를 클릭하여 실행 중인 프로젝트를 멈추고 [화면 축소하기(⧓)]를 클릭합니다.

14 프로젝트를 저장하기 위해 제목을 '(Complete Code)Vegetable Monster'로 변경하고, [파일] ➡ [컴퓨터에 저장하기]를 클릭합니다.

15 확인 메시지가 뜨면 [I understand]를 클릭합니다.

16 파일 저장 위치를 선택하고 [저장]을 클릭합니다. 컴퓨터에 저장된 프로젝트 파일은 스크래치 랩의 [파일] ➡ [Load from your computer]에서 다시 불러올 수 있습니다.

5 응용하기

스타터 코드로 놀아보기

좀 더 실감 나는 애니메이션을 만들려면 어떻게 해야 할까요? 여기서는 '댄싱 위드 AI'의 다양한 센서 인식 기능을 활용하여 더욱 입체적인 표현을 해 봅니다.

① 스토리 전개에 맞춰 배경을 바꿔 봅니다.

② 소품을 활용하여 몬스터를 호출합니다.

③ 내 감정에 맞춰 그래픽 효과를 연출합니다.

실습 영상
https://bit.ly/3TrQXaf

나의 꿈

여러분은 미래에 무엇이 되고 싶나요? 어떤 일을 하고 싶나요? 꿈을 이루었을 때 예상되는 어려움은 무엇인가요? 몬스터의 도움을 받아 어려움을 극복하고, 여러분의 꿈을 이루는 스토리를 구상해 보세요.

여기서는 똑똑박사와 가수가 된 나의 미래를 상상해 보고, 몬스터의 도움을 받아서 어려움을 극복하고 성공적으로 꿈을 이루는 이야기를 애니메이션으로 만들어 봅니다.

드림 몬스터와 함께 이루는 나의 꿈 — 학자가 된 나의 모습

장면 1

오랜 시간 앉아서 책을 보려니 허리도 아프고 지루해!
슬슬 졸리기까지... ㅠㅠ

장면 2

책 속에서 몬스터가 등장! 나를 응원해 주는 몬스터 덕분에
많은 책을 읽고 지식을 쌓는 데 성공!

드림 몬스터와 함께 이루는 나의 꿈 — 가수가 된 나의 모습

| 장면 1 | 장면 2 |

수많은 청중 앞에서 노래를 불러야 하네!
너무 떨리고 긴장돼.

몬스터가 등장! 나를 응원해 주는 몬스터 덕분에
공연을 성황리에 끝내는 데 성공!

'드림 몬스터(Dream Monster)' 스토리를 기반으로 애니메이션의 배경을 전환해 보겠습니다.

1 '댄싱 위드 AI'에 접속해 [OPEN POSEBLOCKS!]를 클릭합니다.

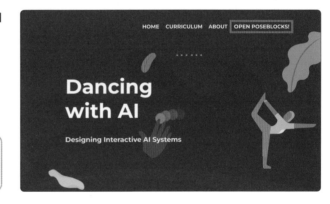

댄싱 위드 AI(Dancing with AI)
https://dancingwithai.media.mit.edu/

2 [파일] ➡ [Load from your computer]를 클릭합니다.

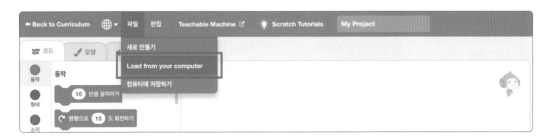

3 '스타터 코드' 폴더에서 '(Starter code)Dream Monsters.sb3' 파일을 불러옵니다.

4 카메라 사용 권한 메시지가 보이면 **[허용]**을 클릭합니다.

5 프로젝트가 열리면 스프라이트 목록에서 'Books(　)'를 선택합니다.

6 Quiz 1 프로젝트가 실행되면 스프라이트 'Books'에 감지된 동작의 크기를 변수 'book-motion'에 가져옵니다. 이것을 프로젝트가 멈출 때까지 계속 반복하도록 스크립트를 작성합니다.

7 Quiz 2 스프라이트 'Books'에 감지된 동작의 크기가 '50'보다 클 때 '책 읽기' 신호를 보냅니다. 이때 소리 'Rip'을 재생하고, 스프라이트의 크기를 '20'만큼 키웠다가 다시 원래 크기로 돌아오도록 스크립트를 작성합니다.

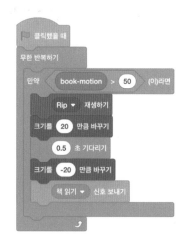

8 **[녹색 깃발(　)]**을 클릭하여 프로젝트를 실행하고, 무대 위에 있는 스프라이트 'Books'를 터치해 봅니다. 감지된 동작의 크기를 숫자로 확인할 수 있나요? 동작의 크기가 '50'보다 클 때 'Rip' 소리가 재생되고 크기가 변하나요?

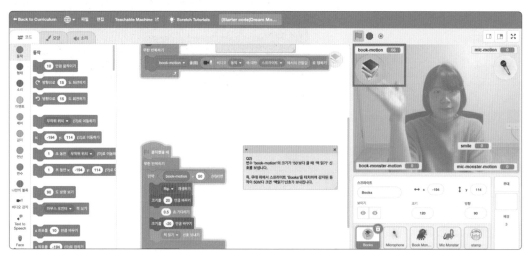

> **꼭 확인하기** 스프라이트 'Book'에 동작 감지가 잘 되지 않을 경우
> 카메라와의 거리, 움직임 크기 등을 고려하여 Quiz 2 에 적절한 숫자로 변경합니다.

9 스프라이트 목록에서 'Microphone()'을 선택합니다.

10 [Quiz 3] 프로젝트가 실행되면 스프라이트 'Microphone'에 감지된 동작의 크기를 변수 'mic-motion'으로 정합니다. 이것을 프로젝트가 멈출 때까지 계속 반복합니다.

`mic-motion ▼ 을(를) ◉📹 비디오 동작 ▼ 에 대한 스프라이트 ▼ 에서의 관찰값 로 정하기`

11 [Quiz 4] 스프라이트 'Microphone'에 감지된 동작의 크기가 '50'보다 클 때 '노래하기' 신호를 보냅니다. 이때 소리 'Wub Beatbox'를 재생하고, 스프라이트의 크기를 '20'만큼 키웠다가 다시 원래 크기로 돌아오도록 스크립트를 작성합니다.

12 무대 위에서 움직여 'Microphone'을 터치합니다. 감지된 동작의 크기를 숫자로 확인할 수 있나요? 동작의 크기가 '40'보다 클 때 'Wub Beatbox' 소리가 재생되고 크기가 변하나요?

[꼭 확인하기] **스프라이트 'Microphone'에 동작 감지가 잘 되지 않을 경우**
카메라와의 거리, 움직임 크기 등을 고려하여 [Quiz 4]에 적절한 숫자로 변경합니다.

13 [정지(⬤)]를 클릭하여 실행 중인 프로젝트를 멈춥니다.

14 이제 배경을 변경해 보겠습니다. [무대]에서 [배경]을 클릭합니다.

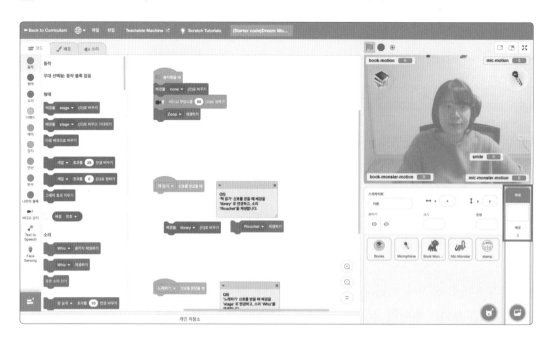

15 [배경(🖌 배경)] 탭을 클릭하여 세 가지 배경을 모두 확인합니다. 하나씩 클릭하며 무대에 적용되는지 확인합니다.

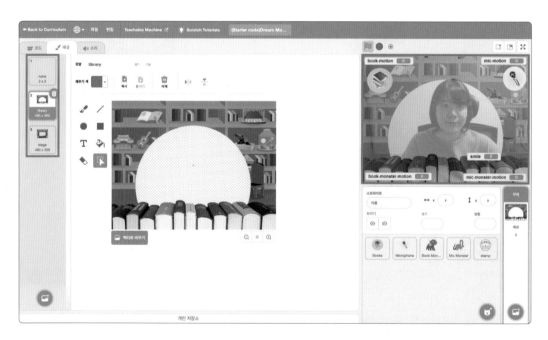

16 [코드(💻 코드)] 탭을 클릭하여 스크립트 화면으로 돌아옵니다.

17 (Quiz 5) 무대가 '책 읽기' 신호를 받을 때 배경을 'library'로 변경하고, 소리 'Ricochet'을 재생하도록 스크립트를 작성합니다.

18 (Quiz 6) 무대가 '노래하기' 신호를 받을 때 배경을 'stage'로 변경하고, 소리 'Whiz'를 재생하도록 스크립트를 작성합니다.

19 [녹색 깃발(🚩)]을 클릭하여 프로젝트를 다시 실행하고, 몸을 움직여 스프라이트 'Books'와 'Microphone'을 각각 터치해 보세요. 배경이 알맞게 전환되나요?

책을 터치하여 도서관으로 이동한 모습

마이크를 터치하여 무대 위로 이동한 모습

20 [정지(⏺)]를 클릭하여 실행 중인 프로젝트를 멈춥니다.

도와줘, 몬스터!

오랜 시간 앉아서 책을 보려니 너무 힘든 나. 수많은 청중 앞에서 노래하려니 너무나 떨리는 나. 몬스터를 불러서 어려움을 극복해 봅시다!

1 먼저, '책 읽기'에 등장할 몬스터를 설정하기 위해 스프라이트 목록에서 'Book Monster(🦁)' 를 클릭합니다.

2 '나만의 책 몬스터를 스프라이트로 불러오기 위해 [모양(🖌 모양)] 탭에서 [모양 고르기(🐻)] ➡ [모양 업로드하기(⬆)]를 클릭합니다.

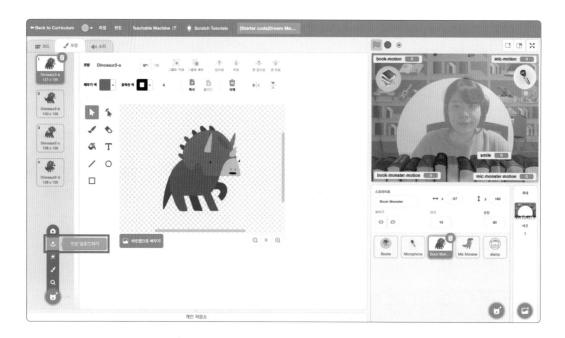

3 '여기서는 '스타터 코드' 폴더에 있는 'Book Monster.gif' 파일을 선택하고 **[열기]**를 클릭합니다.

4 움직이는 그림인 gif 파일이 이미지 파일로 변환되어 모양 리스트에 추가됩니다.

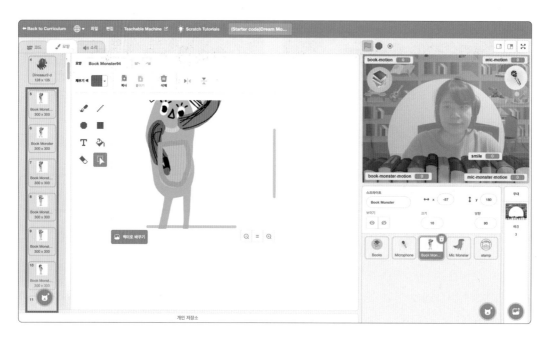

5 gif 파일의 용량이 크면 새로 추가된 이미지의 개수가 너무 많아집니다. 따라서 주요 이미지 10개만 남기고 나머지는 모두 삭제합니다. 이름을 'Book Monster1~10'으로 변경합니다.

휴지통 아이콘을 클릭하면 모양을 삭제할 수 있습니다.

모양을 10개로 정리한 모습

6 이번에는 몬스터 그림의 배경을 제거해 보겠습니다. 모양 리스트에서 'Book Monster1'을 선택하고 그림판에서 **[채우기 색(🪣)]** 도구를 클릭합니다.

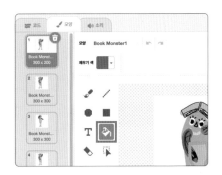

7 그림판 상단 메뉴에서 '채우기 색(■▪)'을 클릭하고 색상 팔레트에서 '채우기 색 없음(∕)'을 선택합니다. 그리고 흰색 배경을 클릭하면 배경이 제거됩니다.

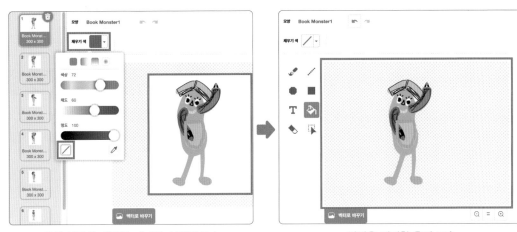

흰색 사각형 배경을 제거하기 전의 모습   배경을 제거한 후의 모습

8 **6**~**7**과 같은 방법으로 'Book Monster10'까지 배경을 투명하게 변경합니다.

9 [코드()] 탭을 클릭하여 스크립트 화면으로 이동합니다.

10 (Quiz 8) '책 읽기' 신호를 받았을 때 스프라이트 'Book Monster'에 감지된 동작의 크기를 변수 'book-monster-motion'으로 정합니다. 이것을 프로젝트가 멈출 때까지 계속 반복합니다.

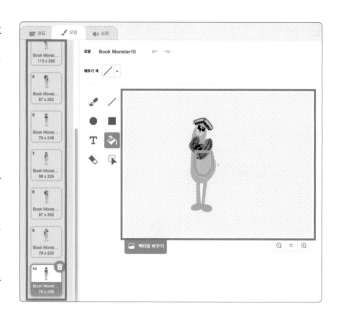

11 (Quiz 9) 'book-monster-motion'이 '30'보다 클 때 'Book Monster'가 화면에 보이도록 설정합니다.

book-monster-motion > 30

12 (Quiz 10) 'book-monster-motion'이 '15'보다 클 때 'Book Monster'가 화면에서 보이지 않도록 설정합니다.

book-monster-motion > 15

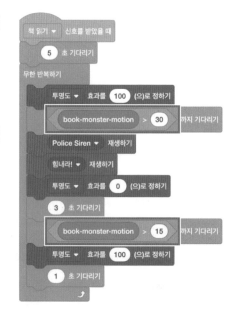

13 [전체 화면(⛶)]을 클릭하여 화면을 키우고, [녹색 깃발(⚑)]을 클릭하여 프로젝트를 다시 실행합니다. 스크린 위의 책을 터치하여 도서관 배경으로 전환한 뒤에 화면 중앙에서 책을 힘껏 펼쳐 봅니다. 몬스터가 책 위에 나타나 나를 응원해 주나요?

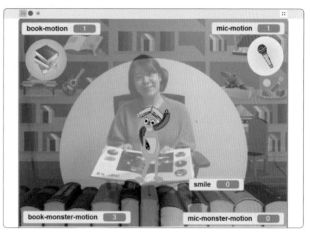

책을 펼쳐서 책 몬스터를 호출한 모습

꼭 확인하기 책 몬스터가 등장하지 않는다면?

카메라를 향해 몸을 움직여도 책 몬스터가 등장하지 않으면 다음을 차례대로 시도해 봅니다.

☐ 'Book Monster'의 위치를 확인해 보면 x와 y의 좌표가 (0, −40)이므로 화면 중앙에서 책을 힘껏 펼쳐 봅니다. 또는 화면 중앙에서 크게 움직여 봅니다.

☐ 'book-monster-motion'에 감지된 움직임 크기가 '30'보다 클 때 책 몬스터가 나타납니다.

화면 중앙에서 감지된 움직임이
'62'일 때 책 몬스터가 호출된 모습

---

14 다시 책을 접어 몬스터를 숨겨 봅니다. 'book-monster-motion'에 감지된 움직임 크기가 '15'보다 크면 책 몬스터가 화면에서 사라집니다.

책을 힘껏 펼치면 책 몬스터가 나타나서 나를 응원하고, 다시 책을 덮으면 책 몬스터가 사라지는 모습을 연출해 봅니다.

책을 접어서 책 몬스터를 숨긴 모습

꼭 확인하기 **책 몬스터에 감지된 동작의 크기 확인하기**

'Book Monster'에 감지된 동작의 크기는 변수 'book-monster-motion'으로 확인할 수 있습니다. 무대 위에서 몸을 움직여 보고 Quiz 9 , Quiz 10 에 적절한 숫자 값을 입력합니다.

15 [정지(●)]를 클릭하여 실행 중인 프로젝트를 멈추고 [화면 축소하기(✕)]를 클릭합니다. 이제 노래를 부를 때 도와줄 몬스터를 만들어 보겠습니다.

16 스프라이트 목록에서 'Mic Monster(🎤)'를 선택합니다.

17 Quiz 10 **2** ~ **4** 와 같은 방법으로 나만의 마이크 몬스터를 스프라이트로 불러옵니다. 여기서는 '스타터 코드' 폴더에 있는 'Mic Monster. gif' 파일을 불러오겠습니다.

18 Quiz 12 **5** ~ **8** 과 같은 방법으로 포인트 동작 10개만 남기고 나머지는 모두 삭제합니다. 이름을 'Mic Monster1~10'으로 변경하고 배경을 모두 투명하게 합니다.

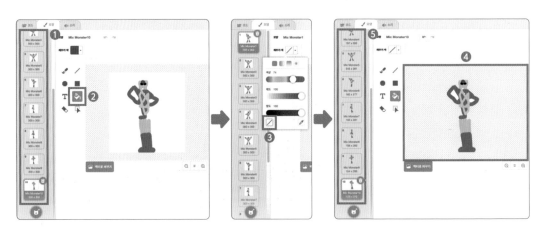

19 [코드(🖥 코드)] 탭을 클릭하여 스크립트 화면으로 이동합니다.

20 (Quiz 13) '노래하기' 신호를 받았을 때 스프라이트 'Mic Monster'에 감지된 동작의 크기를 변수 'mic-monster-motion'으로 정합니다. 이것을 프로젝트가 멈출 때까지 계속 반복합니다.

```
노래하기 ▼ 신호를 받았을 때
무한 반복하기
    mic-monster-motion ▼ 을(를) 📹 비디오 동작 ▼ 에 대한 스프라이트 ▼ 에서의 관찰값 로 정하기
```

21 (Quiz 14) 'mic-monster-motion'이 '30'보다 클 때 'Mic Monster'가 화면에 보이도록 설정합니다.

```
mic-monster-motion > 30
```

22 (Quiz 15) 'mic-monster-motion'이 '15'보다 클 때 'Mic Monster'가 화면에서 보이지 않도록 설정합니다.

```
mic-monster-motion > 15
```

```
노래하기 ▼ 신호를 받았을 때
5 초 기다리기
무한 반복하기
    투명도 ▼ 효과를 100 (으)로 정하기
    mic-monster-motion > 30 까지 기다리기
    Hey ▼ 재생하기
    Hip Hop ▼ 재생하기
    투명도 ▼ 효과를 0 (으)로 정하기
    5 초 기다리기
    mic-monster-motion > 15 까지 기다리기
    투명도 ▼ 효과를 100 (으)로 정하기
    1 초 기다리기
```

23 [전체 화면(✕)]을 클릭하여 화면을 키우고, [녹색 깃발(▮▮)]을 클릭하여 프로젝트를 다시 실행합니다. 스크린 위의 마이크를 터치하여 무대 배경으로 전환한 뒤에 화면 오른쪽에서 마이크를 힘껏 휘둘러 봅니다. 몬스터가 무대 위에 나타나 나를 응원해 주나요?

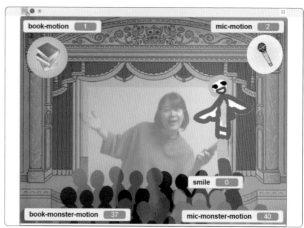

마이크를 휘둘러서 마이크 몬스터를 호출한 모습

 마이크 몬스터가 등장하지 않는다면?

카메라를 향해 몸을 움직여도 마이크 몬스터가 등장하지 않으면 다음을 차례대로 시도해 봅니다.

☐ 'Mic Monster'의 위치를 확인해 보면 x와 y의 좌표가 (139, −150)이 므로 화면 오른쪽에서 마이크를 힘껏 펼쳐 봅니다. 또는 화면 오른쪽 에서 크게 움직여 봅니다.

☐ 'mic-monster-motion'에 감지된 움직임 크기가 '30'보다 클 때 마이크 몬스터가 나타납니다.

화면 오른쪽에서 감지된 움직임이
'46'일 때 마이크 몬스터가 호출된 모습

24 다시 마이크를 들어 올려 몬스 터를 숨겨 봅니다. 'mic-monster-motion'에 감지된 움직임 크기가 '15' 보다 크면 마이크 몬스터가 무대 위 에서 사라집니다.

마이크를 힘껏 휘두르면 마이크 몬스 터가 나타나서 나를 응원하고, 다시 마이크를 들어 올리면 마이크 몬스터 가 사라지는 모습을 연출해 봅니다.

마이크를 휘둘러서 마이크 몬스터를 숨긴 모습

꼭 확인하기 **마이크 몬스터에 감지된 동작의 크기 확인하기**

'Mic Monster'에 감지된 동작의 크기는 변수 'mic-monster-motion'으로 확 인할 수 있습니다. 무대 위에서 몸을 움 직여 보고 Quiz 14 , Quiz 15 의 적절 한 숫자 값을 찾아봅니다.

25 [정지( )]를 클릭하여 실행 중 인 프로젝트를 멈추고 [화면 축소하기 ( )]를 클릭합니다.

⭐ 도전하기

스크루블리로 나만의 몬스터 움직이기

활동 자료 https://bit.ly/3zgkSub

스크루블리(https://www.scroobly. com)로 나만의 몬스터를 움직여 보고, AI 애니메이션 작품에 활 용해 보세요!

몬스터와 함께 움직이는 모습을 녹화하기

참 잘했어요!

몬스터의 도움으로 어려움을 극복하면 어떤 기분이 들까요? 여기서는 기쁘고 뿌듯한 표정을 지을 때 칭찬 스티커를 받는 모습을 애니메이션으로 연출해 보겠습니다.

1 스프라이트 목록에서 'stamp( )'를 선택합니다.

2 (Quiz 16) 프로젝트가 실행되면 카메라에 감지된 미소의 크기를 변수 'smile'로 정합니다. 이것을 프로젝트가 멈출 때까지 계속 반복합니다.

3 (Quiz 17) '카메라에 감지된 'smile(미소)'의 크기가 '99'보다 크다면 마치 스탬프를 찍는 것처럼 화면에 잠깐 보였다가 숨깁니다.

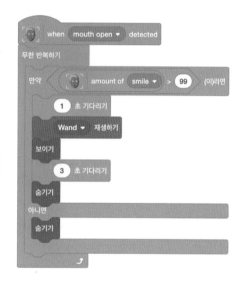

> **노트** 미소의 크기는 변수 'smile'로 확인할 수 있습니다.

4 [전체 화면( )]을 클릭하여 화면을 키우고, [녹색 깃발( )]을 클릭하여 프로젝트를 다시 실행합니다.

5 애니메이션을 시작할 준비가 되었습니다! 나를 지켜 주는 몬스터와 함께 나의 꿈을 이루는 애니메이션을 완성해 보세요. 인공지능과 함께 연출하는 애니메이션은 얼마나 생동감이 넘칠까요? 도서관과 무대 위를 자유롭게 이동하며 꿈을 이루어 보세요!

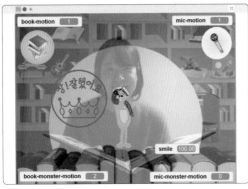

책 몬스터와 함께 '지혜로운 학자' 꿈을 이룬 모습　　　마이크 몬스터와 함께 '행복한 가수' 꿈을 이룬 모습

꿀팁 변수 숨기기

변수( )에서 오른쪽 그림과 같이 체크를 해제하
면 변수 표시를 숨길 수 있습니다.

꿀팁 인공지능과 만드는 애니메이션 녹화하기

[녹화( )]를 클릭하면 인공지능과 함께 애니메이션을 연출하는 모습을 녹화할 수 있습니다. 단, 소리는 녹음이
되지 않습니다. 소리와 함께 녹화하는 방법은 이 책의 013~014쪽을 참고하세요.

6 [정지( )]를 클릭하여 실행 중인 프로젝트를 멈추고 [**화면 축소하기**( )]를 클릭합니다.

7 프로젝트를 저장하기 위해 제목을 '(Complete code)Dream Monsters'로 변경하고 [**파일**] ➡
[**컴퓨터에 저장하기**]를 클릭합니다.

8 파일 저장 위치를 선택하고 [**저장**]을 클릭합니다. 컴퓨터에 저장된 프로젝트 파일은 댄싱
위드 AI의 [**파일**] ➡ [**Load from your computer**]에서 다시 불러올 수 있습니다.

창작하기

나만의 아이디어를 추가하여 인공지능 프로젝트를 발전시키고, 완성한 프로젝트를 활용하여 근사한 퍼포먼스와 재미있는 놀이를 만들어 봅시다.

인공지능 프로젝트 발전시키기

나만의 스토리와 아이디어를 추가해 보세요. 코딩 카드를 활용하여 다양한 기능을 실험해 보고 추가해 보세요.

애니메이션 작품 만들기

완성한 프로젝트를 활용하여 인터랙티브한 애니메이션을 만들어 봅니다. 다음의 퍼포먼스를 감상해 보고 나만의 애니메이션을 연출해 보세요.

책 몬스터와 꿈을 이루는 이야기

마이크 몬스터와 꿈을 이루는 이야기

작품 제목: 나의 꿈을 응원해 주는 몬스터
준비물: (Complete Code)Dream Monsters.sb3,
소품으로 사용할 책과 마이크

'퍼포먼스하기' 애니메이션 작품
https://bit.ly/3s1BeTs

나만의 애니메이션 작품 만들기

작품 제목:

몸의 어느 부분을 주로 움직여서 애니메이션을 만들었나요?

애니메이션 연출 과정을 사진이나 영상으로 촬영하여 기록해 보세요.

작품의 주요 특징을 소개해 보세요.

작품을 만드는 과정에서 어떤 느낌이 들었나요?

완성된 작품을 감상하면서 어떤 느낌이 들었나요?

완성된 작품을 'AI 놀이터(https://padlet.com/ai4funplay/LetsPlay)'에 공유해 보세요.

놀이 만들기

내가 완성한 AI 프로젝트를 가지고 재미있는 몬스터 놀이를 만들어 봅시다. 때로는 혼자서, 때로는 친구나 가족과 함께 즐겁게 애니메이션 놀이를 해 보세요.

놀이 제목 **몬스터 채소 먹방** 활동 자료 https://bit.ly/3eEbOZb ---------------

준 비 물 (Complete Code)Vegetable Monster.sb3

놀이 인원 혼자 또는 여럿

놀이 방법

참가자는 입을 움직여 애니메이션 속에서 채소를 먹습니다.

① 가위바위보를 하여 놀이 순서를 정합니다.

② 내 순서가 오면 신나는 음악을 틀고 30초 동안 채소를 최대한 많이 먹습니다

③ 몬스터와 함께 채소를 가장 많이 먹은 참가자가 우승합니다.

참가자가 입을 사용해 애니메이션 속에서 채소를 먹는 모습

- 여러분이 두려워하는 채소나 음식을 스프라이트로 추가해 보세요! 놀이를 하고 나니 배가 부른가요? 채소를 더욱 맛있게 먹을 수 있을 것 같나요?

- 여러분이 몬스터와 함께 채소를 먹는 모습을 영상으로 촬영하고 감상해 보세요. 스크린 화면 위에서 폴 짝폴짝 춤을 추는 여러분의 모습을 발견할 수 있답니다!

내가 만든 AI 프로젝트로 애니메이션 놀이 만들기

놀이 제목

준 비 물

놀이 인원

놀이 방법

몸의 어떤 부분을 움직여 애니메이션을 연출하나요?

이 놀이는 어떻게 하는 건가요? 놀이 방법을 순서대로 설명해 보세요.

어떻게 하면 더욱 신나게 놀이를 할 수 있나요?

완성된 작품을 'AI 놀이터(https://padlet.com/ai4funplay/LetsPlay)'에 공유해 보세요.

컴퓨터는 무엇으로 학습할까요?

우리는 어떻게 새로운 것을 배울까요? 부모님이나 선생님이 해 준 이야기에서 새로운 사실을 들으면서 배울 수 있습니다. 책이나 영화 등 다른 사람이 만든 정보를 통해 배울 수도 있고, 자기가 직접 경험해 보거나 관찰 및 실험을 통해 배울 수도 있습니다.

우리는 다양한 방법을 통해 새로운 사실을 알거나 정보를 수집하여 배우게 됩니다. 배우는 과정에서 필요한 새로운 사실이나 정보를 '데이터'[25]라고 부릅니다. 우리가 새로운 것을 배우는 것, 즉 학습하기 위해서는 데이터가 필요한 셈이지요.

컴퓨터가 학습하기 위해서도 데이터가 필요합니다. 여기에서 데이터는 컴퓨터가 처리할 수 있는 문자, 숫자, 소리, 그림 등의 형태로 된 정보를 의미합니다. 그렇다면 컴퓨터는 어떤 종류의 데이터를 처리하고 학습에 사용할 수 있을까요?

컴퓨터 과학자들은 컴퓨터에 수많은 데이터를 저장하고 처리하기 위한 연구를 통해 특별한 데이터 저장소를 만들고, 데이터를 입력할 규칙을 정한 뒤, 규칙에 맞게 데이터를 입력하여 사용하였습니다. 이처럼 미리 정의된 구조에 맞게 저장된 데이터를 '정형 데이터(structured data)'라고 합니다. 정형 데이터는 각 데이터의 의미를 파악하기 쉽고 컴퓨터가 다루기 쉽다는 장점이 있습니다. 정형 데이터는 대부분 표 형태로 표현됩니다.[26]

	A	B	C	D	E	F
1	호선	역사명	미세먼지(PM10)	이산화탄소(CO2)	포름알데히드(HCHO)	일산화탄소(CO)
2	1	서울역1	76.4	627	16.4	0.6
3	1	시청1	100.7	610	17.8	1
4	1	종각	99.8	687	20.5	0.9
5	1	종로3가1	105.3	646	20.6	1.3
6	1	종로5가	99.4	532	16.4	1.1
7	1	동대문1	99.5	561	17.2	1.1
8	1	동묘앞	87.4	567	15.9	1.1
9	1	신설동1	98.5	511	11.2	1.1
10	1	제기동	97.8	497	13.7	0.8
11	1	청량리	91.5	550	14.4	0.7
12	2	시청2	109.3	558	10	1
13	2	을지로입구	81.2	559	9.9	1
14	2	을지로3가2	94.2	592	13.4	0.9
15	2	을지로4가	67	626	9.6	0.8
16	2	동대문역사문화공원2	89.9	572	7.9	1.3
17	2	신당	95.8	563	7.5	1.1
18	2	상왕십리	82	477	10.6	0.8
19	2	왕십리	85.9	562	16	0.6
20	2	잠실	88.5	667	15.8	0.8
21	2	신천	77.7	463	13.1	0.5
22	2	종합운동장	97	453	13.2	0.5
23	2	삼성	92.2	520	17.2	0.5
24	2	선릉	92.9	580	16.5	1

정형 데이터의 예시

그러나 전체 데이터 중에서 정형 데이터는 대략 20%밖에 되지 않습니다. 나머지 80%는 규칙을 미리 정의할 수 없는 데이터, 즉 '비정형 데이터(unstructured data)'입니다. 여러분이 흔히 볼 수 있는 책에 적힌 문장, 음성으로 듣는 소리, TV나 인터넷을 통해 보는 동영상은 모두 비정형 데이터에 해당됩니다. 또한, 여러분의 블로그나 개인 SNS에 작성하는 글, 스마트폰으로 촬영한 사진과 영상, 인공지능 스피커를 통해 저장된 음성 역시 비정형 데이터이며, 여러분의 눈에 보이지 않는 각종 IoT[27]에서 수집된 데이터 역시 비정형 데이터입니다.

비정형 데이터의 종류

컴퓨터는 다양한 형태의 데이터를 이용하여 학습할 수 있습니다. 그렇다면 우리는 어떤 데이터를 학습에 사용해야 할까요? 사람이 학습할 때 좋은 데이터와 신뢰할 만한 정보를 이용해야 학습 성과가 높아지듯이 컴퓨터도 좋은 데이터를 이용하여 학습해야 합니다.

질병을 예측하는 인공지능을 만든다고 생각해 봅시다. 어떤 데이터로 학습해야 정확한 질병을 진단하고 예측할 수 있을까요? 먼저, 해당 질병이 나타난 사람들의 의료 정보를 수집해야 합니다. 그리고 그 정보는 남자 또는 여자에 대한 정보를 골고루 포함해야 합니다. 또한, 어린아이부터 노인까지 다양한 연령의 정보가 포함되어야 하고요. 어느 한쪽의 데이터가 부족하다면 잘못된 결과를 예측할 수도 있습니다. 또한, 개인의 질병 데이터는 소중한 개인정보이기 때문에 누구의 데이터인지 밝혀지지 않도록 해야 합니다. 따라서 우리는 컴퓨터를 학습시키기 위해 충분한 데이터인지, 모든 가능한 경우의 수와 모든 사용자를 대변할 수 있는 데이터인지를 확인해야 합니다.

데이터 학습과 데이터 편향성(처음~1분 10초)

컴퓨터가 학습할 수 있는 데이터에 대해 관심이 더 생겼나요? 학습할 수 있는 데이터와 데이터를 모으고 활용하는 과정에서 고려해야 할 사항에 대해 다음 영상을 살펴보세요.

AI: Training Data & Bias
https://bit.ly/3HLEOXp

꿀팁 외국어 영상을 한글 자막과 함께 보기

영상 화면의 오른쪽 하단에서 '설정(⚙)'을 클릭하고 '자동 번역' ➡ '한국어'를 선택합니다.

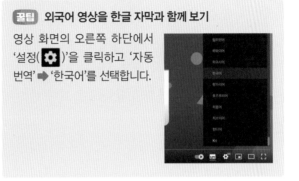

확장하기

4부 '폴짝폴짝 스토리'에서는 몸을 움직여서 나만의 캐릭터를 움직여 보고, 애니메이션을 제작할 수 있는 인공지능 기술을 살펴보고 주요 원리를 탐구해 보았습니다. 특히 **비디오 센싱**(video sensing), **동작 인식**(motion sensing), **얼굴 센싱**(face sensing), **감정 센싱**(emotion sensing) 등을 나만의 캐릭터와 스토리에 반영하여 인공지능 프로젝트를 직접 만들어 보고, 이것을 활용한 놀이를 구상해 보았습니다. 지금껏 했던 활동들을 다시 한번 떠올려 보고 아래의 질문에 답하면서 여러분의 생각을 정리해 보세요.

인공지능과 함께 애니메이션 만들기

TV나 영화관에서 감상하는 애니메이션과 인공지능 프로젝트에서 몸을 움직여 제작한 애니메이션 중에서 무엇이 더 마음에 드나요? 왜 그러한가요?

인공지능 프로젝트에서 인공지능과 함께 채소를 먹을 때 무엇이 가장 흥미로웠나요?

인공지능 프로젝트에서 인공지능과 함께 채소를 먹을 때 무엇이 가장 힘들었나요?
어떻게 해결하였나요?

내가 만든 인공지능 애니메이션 프로젝트에서 새롭게 도전하고 싶은 것이 있나요?

4부 '폴짝폴짝 스토리'에서는 다음의 자료를 참고하여 활동을 구상했습니다. 여러분도 즐거운 실험과 도전을 더욱 발전시켜 보세요.

도전하기

더욱 발전시키기 활동 자료 https://bit.ly/3CkmG61

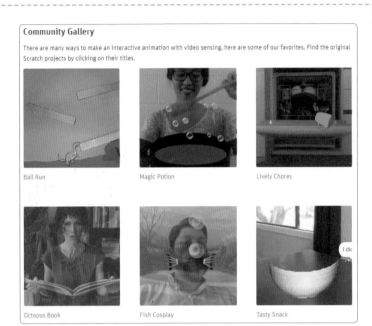

샌프란시스코과학관(Exploratorium)의 틴커링 스튜디오[28]

 비디오 센싱 카드
https://bit.ly/37b5TH0

 스크래치 프로젝트 'Bring a Book to Life!'
https://bit.ly/3vMMgiP

공감하기

인공지능 기술이 발전하면 긍정적인 일만 생길까요? 다음 상황에서 여러분이 진우라면 어떻게 행동해야 할지 생각해 봅시다.

최근 공개된 인공지능 채팅 서비스인 아담은 아이들 사이에서 각종 고민 상담을 들어주고 대답을 해 주는 서비스로 인기가 높아지고 있었다. 특히 아담은 아이들이 질문하고 답변에 대한 반응을 모두 수집하여 인공지능 성능을 높이는 데 사용하고 있었다. 아담을 즐겨 사용하는 진우는 언제부턴가 아담에게 질문을 하면 엉뚱한 대답을 하거나 욕설을 하는 것을 보게 되었다. 다음날 학교에 가서 친구들과 이야기를 해 보니 일부 아이들이 장난삼아 아담에게 이상한 질문을 하고 욕설을 입력했다고 한다. 시간이 지날수록 아담은 말도 안 되는 이야기를 하거나 아무 욕설을 하게 되었다. 진우는 친구처럼 사용했던 아담 채팅 서비스를 계속 사용할지 고민이 된다.

위 상황에서 여러분이 생각하는 문제는 무엇인가요?

여러분이 진우라면 이런 상황에서 인공지능 채팅 서비스를 계속 사용할까요? 그 이유는 무엇인가요?

실제로 다음과 같은 사례가 있었어요.

사례 1 2016년 마이크로소프트에서 개발한 인공지능 챗봇인 '테이(Tay)'는 SNS에 메시지를 남기고 다른 사람들과 대화할 수 있도록 만든 서비스다. 테이가 공개되고 나서 나쁜 의도를 가진 사람들이 잘못된 정보를 담은 메시지를 테이에게 반복적으로 보내고, 이런 잘못된 메시지를 학습한 테이는 부적절한 발언을 쏟아내며 서비스가 개시된 지 16시간 만에 중단되었다.[29]

사례 2 2020년 국내 기업에서 공개된 인공지능 챗봇인 '이루다'는 다른 사람을 비방하고 차별하는 발언을 하여 서비스를 공개한 지 20일 만에 중단하였다. 일부 나쁜 의도를 가진 사람들이 차별적인 메시지를 반복적으로 전달하여 학습시켰고, 다른 사람과의 대화에서 부정적인 발언을 하였다.[30]

지금까지 배운 인공지능 기술을 떠올려 보면서 다음 질문에 대해 더 고민해 봅시다.

- 우리 주변에서 마치 사람처럼 대화하는 인공지능 기술에는 어떤 것들이 있을까요?
- 그런 인공지능 기술을 사용하였을 때 느꼈던 감정은 무엇인가요?
- 문제가 발생했을 때 누구의 잘못이 가장 클까요? 그 이유는 무엇일까요?
- 인공지능의 잘못된 판단은 누구에게 어떤 영향을 줄까요?

인공지능 기술을 이용하여 마치 사람처럼 대화하고 정보를 주고받을 수 있습니다. 우리가 검색창에 질문을 구체적으로 입력하지 않아도 우리의 말을 이해하고 필요한 정보를 찾아줄 수 있게 된 거죠. 또한, 인공지능과 대화하면서 즐겁거나 슬픈 일 등 우리의 감정을 서로 나누고 공감해 주는 새로운 친구가 생기기도 합니다. 하지만 편향된 데이터로 학습한 인공지능은 우리에게 잘못된 정보를 제공하거나, 다른 사람을 혐오하는 말을 꺼내기도 합니다. 사람들의 생활을 긍정적이고 풍요롭게 만들기 위한 인공지능 기술이 오히려 편향적이고 폭력적이며 부정적으로 만들기도 합니다.

이처럼 AI 기술을 사용한 결과에 심각한 문제가 발생할 수 있습니다. 이런 문제는 '문제 있는 데이터'를 기계학습에 사용하였기 때문에 발생합니다. 이런 문제를 '데이터 편향성(data bias)'이라고 합니다. 현재의 인공지능 기술의 학습 방법을 고려한다면 학습된 데이터가 편향되어 있지는 않은지, 또는 학습하는 과정에서 잘못된 데이터가 반영되지는 않는지 살펴봐야 합니다.

 더 알아보기

데이터 학습과 데이터 편향성(1분 11초~끝)

우리는 인공지능이 활용된 기술의 내부에 접근하여 어떻게 동작하는지 이해하기가 어렵습니다. 따라서 인공지능 기술을 개발하고 활용하는 사람들이 누구나 접근할 수 있고, 기술이 사용되는 과정에서 어느 한쪽에게만 유리하게 동작하지 않도록 만들 책임이 있습니다. 인공지능 기술을 사용하는 사람들 또한 이런 어려운 점이 있다는 것을 인식하고 무조건 인공지능 기술의 결과를 믿지 않아야 합니다. 다음 영상을 참고해 보세요.

AI: Training Data & Bias
https://bit.ly/3g4vR3d

꿀팁 외국어 영상을 한글 자막과 함께 보기

영상 화면의 오른쪽 하단에서 '설정(⚙)'을 클릭하고 '자동 번역' ➡ '한국어'를 선택합니다.

우리 연구 그룹[31]은 창의성을 키우는 가장 좋은 방법은 아이들이 '놀이(Play)'를 하는 것처럼 즐거운 마음으로 '동료들(Peers)'과 협력하여 '프로젝트(Project)'에 '열정(Passion)'을 가지고 빠져들도록 지원하는 것이라고 믿고 있습니다.

— 《미첼 레스닉의 평생유치원》 중에서

5부

덩실덩실 미러링

몸으로 놀아보기

스타터 코드로 놀아보기

생각하며 놀아보기

준비하기

인공지능과 함께 춤을 추는 무대는 과연 어떤 모습일까요? 내가 만든 춤을 인공지능에게 가르치고 함께 출 수 있을까요?

5부 '덩실덩실 미러링'에서는 우리 전통춤인 탈춤을 배워 보고 나만의 탈춤을 만들어 봅니다. 내가 만든 탈춤을 친구나 가족, 그리고 인공지능에게 가르쳐 봅니다. 또, 실제 탈춤에 사용되는 탈과 한삼(汗衫), 장단 등 탈춤 재료들을 스크린 화면에 구성해 보고, 인공지능 기술과 몸의 움직임으로 역동적인 탈춤 한마당을 연출해 봅시다.

- ⦿ 웨인 맥그리거(Wayne McGregor)의 '리빙 아카이브(Living Archive)'와 국립현대무용단의 '비욘드 블랙(Beyond Black)'의 안무를 감상하고 작품의 주요 특징을 살펴봅니다.

- ⦿ 기계학습을 기반으로 나만의 AI 탈춤 프로젝트를 구현하고, AI 프로젝트와 협업하여 즐거운 놀이와 퍼포먼스를 창작합니다.

- ⦿ 인공신경망의 구조와 주요 원리를 이해하고, 인간과 기계가 정보를 처리하는 과정을 비교해 봅니다.

- ⦿ 인공지능이 만든 음악, 그림 등 다양한 창작물 사례를 살펴보고, 이들의 저작권과 지적재산권 가능 여부를 탐색합니다.

다음 무보[32]를 감상해 보세요.

조선시대 시용무보[33]

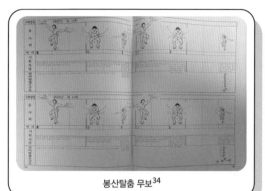

봉산탈춤 무보[34]

고구려 무용총 벽화[35]

2018 평창 올림픽 개막식에서 재현된 고구려 무용총[36]

── 더 알아보기 ──

무보를 통해 재현된 춤

2018 평창 올림픽 개막식에서 재현된 고
구려 무용총 벽화의 춤을 영상으로 감상

PyeongChang 2018
Opening Ceremony
https://bit.ly/35cAN0p

무보 감상하기

무보를 보니 어떤 느낌이 드나요?

어떤 정보를 어떤 방법으로 기록하였나요?

무보들 중에서 가장 인상 깊은 것은 무엇인가요? 왜 그러한가요?

무보들의 공통점은 무엇인가요?

인공지능에 안무를 가르치고 함께 퍼포먼스를 연출하는 과정을 영상으로 감상해 보세요.

인공지능이 만든 춤을 실험하는 모습[37]

웨인 맥그리거의
'Living Archive(2018)'
https://bit.ly/36h0mhs

인공지능 창작 안무 실험(2019)
https://bit.ly/3BCTVRn

인공지능이 만든 안무를 함께 추는 모습[38]

국립현대무용단의 '비욘드 블랙'
온라인 상영회 하이라이트(2020)
https://bit.ly/34PlxqO

신창호 안무가 인터뷰(2020)
https://bit.ly/3oY6wJN

영상 감상하기

두 영상을 보니 어떤 느낌이 드나요?

인공지능에 안무를 가르치는 과정은 어떻게 이루어지나요?

인공지능과 함께 추는 춤은 어떤 모습인가요?

두 영상 중에서 가장 인상 깊은 장면은 무엇인가요? 왜 그러한가요?

두 영상의 공통점은 무엇인가요?

〈리빙 아카이브〉는 인공지능 기반 안무 창작 도구로, 카메라에 무용수의 움직임이 **포착**(input)되면 무용수의 **포즈를 감지**(pose detection)하여 실시간으로 안무를 **창작**(output)해 줍니다. 이를 위해서 기계에 수천 시간의 안무 비디오를 아카이브 형태로 제공하여 학습시키고, 사용자가 입력하는 안무에 어울리는 동작을 추천해 줍니다. 여러 개의 동작을 이어서 안무 형태로 재생할 수 있으며, 지금껏 사용자들이 생성한 수십만 개의 안무를 지도 형태로 볼 수 있습니다.

〈비욘드 블랙〉은 인공지능 알고리즘과 함께 연출을 한 안무 창작 작품입니다. 이를 위해서 작품에 참여하는 여덟 명의 무용수의 움직임 데이터를 기계(사용된 인공지능 이름은 '마디')에 학습시키고, 무용수가 앞으로 어떻게 움직일지 예측하여 패턴을 만들도록 했습니다. 그리고 무대 위에서 무용수의 움직임에 어울리는 패턴을 실시간으로 연출했습니다.

'리빙 아카이브'와 '비욘드 블랙'은 살아 있는 우리 몸의 움직임과 조화를 이루는 기계의 움직임을 생성하는 과정을 통해 기술과 예술이 만나는 교차점을 탐색합니다. 이전에는 없었던 고유하고 창의적인 움직임을 만들어 내는 과정에서 몸의 움직임과 기계 사이의 에너지 교환, 긴밀한 소통, 섬세한 협업이 필요합니다.

여러분도 직접 만든 안무를 기계에 가르쳐 보세요. 그리고 기계와 함께 여러분의 창작 안무를 신나게 즐겨 보세요. 여러분의 생각을 더욱 역동적으로 표현할 수 있도록 인공지능 기술과 협업해 보세요. 여러분만의 스토리가 담긴 몸의 움직임을 만들고, 인공지능 기술과 협업하여 퍼포먼스 작품을 창작하는 모든 과정이 과학이자 예술이 되는 경험을 시작해 보세요!

✶ ─ **도전하기** ─

리빙 아카이브로 실험하기 | 활동 자료 | https://bit.ly/3JCO3dO

〈리빙 아카이브〉로 안무를 창작하는 모습

무빙마블로
놀아보기

거울을 보고 움직이는 것처럼 친구와 거울처럼 똑같이 움직일 수 있을까요? 어떻게 움직여야 똑같이 움직일 수 있나요? 친구와 함께 다양한 움직임을 만들고, 마치 거울을 보듯 똑같이 따라 해 봅시다.

놀이 제목 **미러링**[39] **놀이** `활동 자료 https://bit.ly/3Tsolln`

준 비 물 움직임 카드 (1)~(3), 무빙마블 활동지 (1)~(2), 펜, 주사위

놀이 인원 둘 이상 여럿

놀이 방법

① 두 명이 짝을 정하고, 가위바위보로 거울 역할과 사람 역할을 정합니다.

② 사람 역할인 친구 'A'는 움직임 카드와 무빙마블 활동지를 사용하여 표현할 몸동작을 결정합니다.

③ 'A'는 거울 역할인 친구 'B'와 마주 보고 섭니다.

④ 'A'는 'B'를 마주 보면서 천천히 움직입니다. 'A'가 오른손을 들면 'B'는 왼손을 듭니다.

⑤ 'A'는 'B'가 잘 따라 할 수 있도록 느린 동작부터 시작합니다.

⑥ 동작이 익숙해진 다음에는 속도를 다르게 하여 움직여 보세요.

⑦ 'A'는 'B'와 멀어지기도 하고 가까워지기도 하는 등 공간을 자유롭게 사용해 보세요.

미러링 놀이 모습

- 앞에서 사용했던 움직임 카드 (1)~(3)과 무빙마블 활동지 (1)~(2)를 자유롭게 사용하여 다양한 움직임을 만들어 보세요.
- 여럿이 함께 놀이를 할 때는 거울과 사람 역할을 숨기고 다른 참가자들이 맞히도록 합니다.
- 팀 대결을 할 때는 제한 시간 안에 숨겨진 역할을 더 많이 맞히는 팀이 우승합니다.

2 탐험하기

몸 관찰하기

탈춤은 노래와 춤, 연극이 어우러진 우리나라의 민속 무용입니다. 탈춤 하면 무엇이 떠오르나요? 탈과 한삼, 흥겨운 장단과 여럿이 신명 나게 춤을 추는 모습이 그려지나요? 그렇다면 탈춤에서는 왜 탈을 쓸까요? 손에는 왜 한삼을 낄까요? 탈춤과 관련된 질문에 대해 곰곰이 생각해 보면서 봉산탈춤의 기본 동작을 익혀 봅시다. 또, 내가 배운 동작을 친구나 가족에게 알려주고 함께 즐겨 보세요.

노트 한삼(汗衫)은 손을 감추기 위해 두루마기나 여자의 저고리 소매 끝에 길게 덧대는 소매입니다. 탈춤이나 민속놀이 등 극문화에서 곡선미를 강조하기 위해 사용합니다.

색동한삼

한삼을 끼고 추는 탈춤

여럿이 추는 탈춤[40]

놀이 제목	**봉산탈춤 추기** 활동 자료 https://bit.ly/3Df3QPT

준 비 물	탈춤장단, 탈, 한삼
놀이 인원	혼자 또는 여럿
놀이 방법	영상을 참고하여 봉산 탈춤의 기본 동작을 배워 보세요.

봉산탈춤 동작 배우기

동작 이름	동작 설명
고개잡이	한삼을 양쪽 어깨에 메고 인사하듯 고개를 숙였다 젖히고, 무릎을 굽혔다 펴면서 다시 제자리로 고개 들기. 반대쪽으로 방향을 틀어서 같은 방법으로 진행
다리들기	어깨너비보다 넓게 다리를 벌리고 무릎을 굽히면서 한쪽 다리를 수직으로 굽혀 들었다가 내리기. 반대쪽도 같은 방법으로 진행
황소걸음	한삼을 양쪽 어깨에 메고 오른쪽 발을 왼쪽 다리의 오금에 붙였다 뗀 후 왼쪽 발을 오른쪽 다리의 오금에 붙였다 떼기를 반복하기
까치걸음	반원을 그리듯 오른손과 왼손의 위치를 바꾸고 발을 구르면 이동하기. 매번 박자마다 고갯짓 함께하기

고개잡이

다리들기

황소걸음

까치걸음

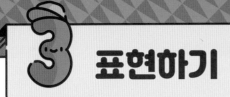

3 표현하기

탈춤 놀이로 내 성격 표현하기

여러분의 성격은 어떠한가요? 호기심이 많은 친구도 있고, 겁이 많은 친구도 있겠죠? 사람들은 겉모습이 다른 것처럼 성격도 모두 다르답니다.

봉산탈춤에는 다양한 성격을 가진 인물들이 등장합니다. 각 인물은 탈의 모양과 색깔, 탈춤 동작의 모양, 크기, 속도, 복장 등으로 성격을 나타냅니다. 탈춤 놀이를 통해 여러분의 성격을 마음껏 표현해 보세요.

봉산탈춤 등장인물 살펴보기

다음은 봉산탈춤의 등장인물과 특징입니다.

목중
조선 후기 젊은 승려

미얄할미
늙은 조강지처로, 못생긴 얼굴에 흰점이 많음

말뚝이
양반들의 무능과 부패를 조롱함

취발이[41]
힘이 세고 술 취한 이미지임

내 성격을 표현하는 탈춤 놀이 활동 자료 https://bit.ly/3TyGY33

아래의 여러 탈을 살펴보고 내 성격과 가장 잘 어울리는 탈을 골라 보세요. 탈춤 장단과 탈춤 동작은 영상으로 볼 수 있습니다. 영상 끝부분에는 간단한 퀴즈도 있으니 꼭 맞혀 보세요.

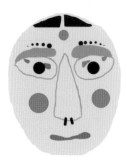

소심이
성격: 소심하고 부끄러움이 많음
동작 특징: 동작이 작고, 몸을 꼬면서 입을 가리는 동작이 많음

궁금이
성격: 호기심이 많음
동작 특징: 가만히 있지 않고 계속 이곳저곳을 살피며 움직임

불만이
성격: 불만이 많고 화를 잘 냄
동작 특징: 쿵쾅거리는 발동작이 많음. 동작이 크고 에너지가 넘침

조용이
성격: 부끄러움을 많이 타고 조용함
동작 특징: 시선이 낮으며 동작이 부드러움

긍정이
성격: 성격이 밝고 흥이 많음
동작 특징: 어깨를 들썩이는 동작과 엉덩이를 흔드는 동작이 많음

 도전하기

내 성격 표현하기

내 성격을 단어나 문장, 그림으로 표현하기가 쉽지 않을 거예요. 뽐내고 싶은 성격도 있는 반면, 부끄럽거나 숨기고 싶은 부분도 있을 거예요. 또, 상황이나 환경에 따라 달라지는 성격도 있을 거고요.

누구에게나 장단점이 있답니다. 여러분이 지니고 있는 장점을 최대한 잘 살리는 것, 그리고 단점을 들여다보고 보듬어 장점으로 발전시키는 것이 중요합니다.

탈놀이를 통해 여러분의 성격을 들여다보고 표현해 보세요. 내 성격과 모습을 더 잘 이해하게 될 거예요. 내 안에 있는, 나만의 가치를 알아주고 세상 밖으로 꺼내 크게 키워 주세요!

내 성격과 어울리는 탈춤 만들기

이번에는 내 성격을 탈 모양으로 그려 봅시다. 내 성격을 상징적으로 표현하기 위해서 주요 특징을 과장되게 그려 볼까요?

내 성격을 상징하는 탈춤 만들기

작품 제목:

내 성격은 어떠한가요? 여러 가지로 표현해도 좋습니다.

내 성격을 과장해서 탈 모양으로 그려 봅시다.

내 성격을 어떻게 움직임으로 표현할 수 있을까요?

어떤 분위기의 음악과 어울릴까요?

내 성격과 잘 어울리는 몸동작을 구상해 보고 과장된 움직임으로 표현해 보세요. 그리고 탈춤 놀이 장면을 녹화하여 동영상 파일로 저장하고 감상해 보세요. 그리고 완성된 작품을 'AI 놀이터(https://padlet.com/ai4funplay/LetsPlay)'에 공유해 보세요.

실행하기

나와 함께 탈춤을 추는 인공지능 친구들을 직접 만들어 봅니다.

① 인공지능 친구에게 가르칠 탈춤 동작을 만듭니다.

② 기계학습 모델을 만들고 탈춤 동작을 훈련시킵니다.

③ 내 동작을 따라 함께 탈춤을 추는 인공지능 친구들을 완성합니다.

실습 영상
https://bit.ly/3s1w2iz

탈춤 동작 만들기

여러분의 성격을 잘 드러낼 수 있는 탈춤 동작을 만들어 봅시다. '몸 관찰하기'에서 배운 탈춤 동작 중에서 마음에 드는 동작을 선택해도 좋고, 여러분이 직접 탈춤 동작을 만들어도 좋습니다. 다음에 나올 '예시'처럼 나만의 탈춤 동작을 네 단계로 만들어 보세요.

① 직접 몸을 움직여서 탈춤 동작을 구성합니다. 실제로 한삼을 끼고 탈춤을 춘다고 생각하고 팔과 다리를 크게 움직입니다.

② 주요 동작을 네 단계로 구성합니다.

③ 완성된 동작을 그림으로 그립니다.

④ '코', '양쪽 손목', '양쪽 발목' 위에 색연필로 동그라미를 해서 동작별로 관절의 위치가 얼마나 다른지 비교해 봅시다. 만약 동작별로 주요 관절의 위치가 쉽게 구분되지 않으면 탈춤 동작을 수정합니다.

⑤ 완성된 동작을 이어 해 보면서 인공지능 로봇과 함께 탈춤을 추는 모습을 상상해 봅니다.

꼭 확인하기 **단계별 탈춤 동작 만들기**
- 움직임이 편한 동작을 만듭니다.
- 단계별로 주요 특징을 중점적으로 표현합니다.
- 각 동작이 쉽게 구분되도록 얼굴, 손목, 발목 등 주요 관절을 크게 움직입니다.

탈춤 동작 만들기 예시

탈춤 동작 이름 나는 내가 좋아

나만의 탈춤 동작 만들기

탈춤 동작 이름

탈춤 동작 학습시키기

티처블 머신을 사용하여 내가 만든 탈춤 동작을 컴퓨터에게 가르쳐 봅시다.

기계학습 모델 만들기

1 '티처블 머신'에 접속해 [시작하기]를 클릭합니다.

티처블 머신(Teachable Machine)
https://teachablemachine.
withgoogle.com

2 프로젝트 메뉴 중에서 동작을 학습시키기 위한 [포즈 프로젝트]를 클릭합니다.

3 네 가지 탈춤 동작을 학습시키기 위해서는 네 개의 클래스를 만들어야 합니다. 우선, 첫 번째 클래스의 이름을 '1번 동작'으로, 두 번째 클래스의 이름을 '2번 동작'으로 변경합니다. 그리고 [클래스 추가]를 클릭합니다.

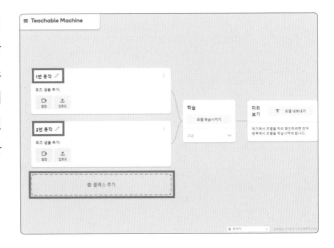

4 '3번 동작', '4번 동작' 클래스를 추가하여 총 네 개의 클래스를 완성합니다.

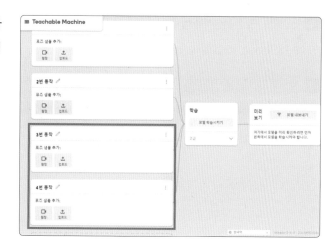

학습 데이터 수집하기

1 '1번 동작' 클래스에 학습 데이터를 추가하기 위해 [**포즈 샘플 추가**]에서 [**웹캠**]을 클릭합니다.

2 카메라 사용 권한 메시지가 보이면 [**허용**]을 클릭합니다.

3 카메라에 내 모습이 보이면 움직임 공간을 세팅합니다. 전신이 다 보이도록 서고, 바닥에 두 개의 포인트 지점을 표시합니다.

> **꼭 확인하기** **포인트 지점 설정하기**
> ■ 1번 포인트: 스크린 화면 중앙
> ■ 2번 포인트: 스크린 화면의 왼쪽 중앙

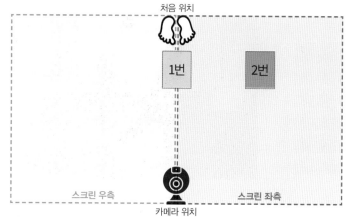

두 개의 포인트 지점 설정 예시

1번 포인트 지점에서
카메라를 향해 서 있는 모습

4 포인트 지점을 이동하면서 탈춤 동작 데이터를 수집하게 됩니다.

5 아래의 '도움받기'를 참고해서 친구, 선생님 혹은 가족과 함께 샘플 데이터를 촬영합니다.

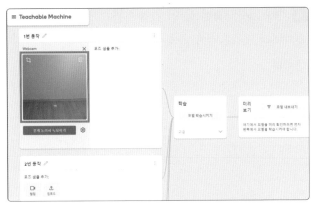

'티처블 머신'에 보이는 두 개의 포인트 지점

꼭 확인하기 **움직임 공간 세팅하기**

■ 움직임이 편하도록 충분한 공간을 확보하세요.

■ 불필요한 인식을 방지하기 위해 무늬 없는 벽이나 커튼 앞에 움직임 공간을 마련합니다.

■ 우리 몸의 위치가 바뀌어도 컴퓨터가 동작을 바르게 인식할 수 있도록 위치를 조금씩 다르게 하여 포인트 지점을 설정합니다. (**예** 몸을 왼쪽/오른쪽으로 이동, 몸을 카메라와 가까이/멀리 이동)

··· 도움받기

친구, 선생님과 함께 샘플 데이터 촬영하기

나: 1번 포인트 지점에 서서 카메라를 향해 '1번 동작'을 합니다.

친구/선생님/가족: 스크린 화면 안에 탈춤 동작이 잘 보이는지 확인하고 **[길게 눌러서 녹화하기]**를 클릭합니다. **[길게 눌러서 녹화하기]**를 계속 클릭하고 있으면 연속으로 촬영됩니다. 마우스 클릭을 멈추면 녹화가 정지됩니다.

도움받기로 '1번 동작' 데이터를 수집하는 모습

6 각 포인트 지점마다 약 50개씩 수집하고, 두 개의 포인트 지점을 이동하며 총 100여 개의 샘플 데이터를 수집합니다.

> **꼭 확인하기** **정확한 샘플 데이터 수집하기**
>
> - 카메라에 한 명만 보이도록 합니다. 두 명 이상이 동시에 촬영되면 관절의 위치가 정확하게 인식되지 않을 수 있습니다.
> - 정확한 샘플 데이터를 수집하기 위해 탈춤 동작을 크고 정확하게 합니다.
> - 우리 몸의 위치가 바뀌어도 컴퓨터가 동작을 바르게 인식할 수 있도록 포인트 지점마다 동작을 동일하게 유지합니다.

7 **2**~**6**과 같은 방법으로 '2번 동작', '3번 동작', '4번 동작' 클래스에 각각 100여 개의 샘플을 촬영합니다.

> **노트** 혼자서 샘플 데이터 수집하는 방법은 이 책의 072쪽을 참고하세요.

'2번 동작' 촬영

'3번 동작' 촬영

'4번 동작' 촬영

> **꿀팁** **이미지 파일을 업로드하여 샘플 데이터로 추가하기**
>
> ❶ '1번 동작' 클래스에서 [업로드]를 클릭합니다.
> ❷ 이미지 파일을 마우스로 드래그하여 샘플 데이터로 추가합니다.

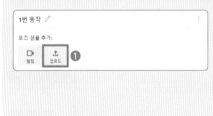

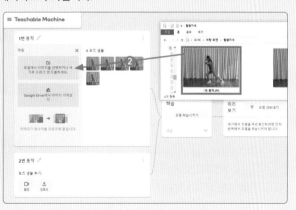

모델 학습시키기

1 샘플 데이터 수집이 완료되면 [모델 학습시키기]를 클릭합니다.

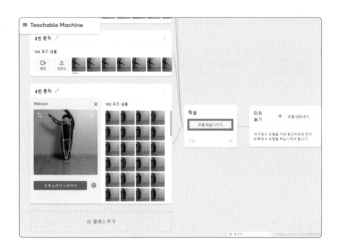

2 '탭을 전환하지 마세요.'라는 메시지 창이 뜨면 [확인]을 클릭하고 학습이 모두 완료될 때까지 기다립니다.

> **꼭 확인하기** **티처블 머신 화면 유지하기**
> 학습이 모두 종료될 때까지 '티처블 머신' 브라우저를 닫거나 전환하지 마세요!

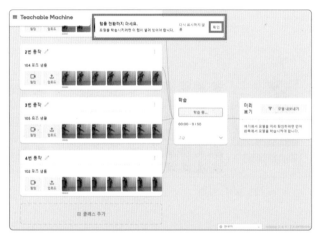

3 학습이 완료되면 학습이 얼마나 잘 되었는지 확인해 봅니다. 미리보기 화면에서 '1번 동작', '2번 동작', '3번 동작', '4번 동작'이 각각 잘 인식되는지 테스트해 봅니다. 동작 인식률은 0~100%이며, 100에 가까울수록 정확도가 높습니다.

> **꼭 확인하기** 1번 포인트 지점과 2번 포인트 지점에서 모두 테스트합니다.

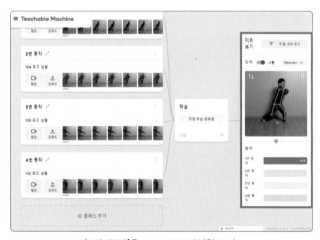

'1번 동작'을 100%로 인식한 모습

4 두 개의 포인트 지점에서 두 가지 동작이 잘 인식되면 [모델 내보내기]를 클릭하여 학습된 모델을 추출합니다.

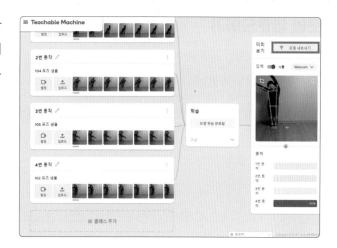

꼭 확인하기 탈춤 동작이 잘 인식되지 않는다면?

다음을 차례대로 시도해 봅니다.

☐ 클래스에서 정확하지 않은 샘플 동작을 삭제하기

☐ 클래스에 정확한 샘플 동작을 추가하기

☐ 우리 몸의 위치가 바뀌어도 컴퓨터가 동작을 바르게 인식할 수 있도록 동작을 유지하되 위치를 조금씩 다르게 하여 촬영하기(**예** 몸을 왼쪽/오른쪽으로 이동, 몸을 카메라와 가까이/멀리 이동)

☐ 클래스를 새로 다시 만들고 샘플 동작을 촬영하기

☐ 네 가지 동작이 쉽게 구분되도록 탈춤 동작을 수정하기
　(예 코, 양쪽 손목, 양쪽 발목 등 주요 관절의 위치가 많이 달라지도록)

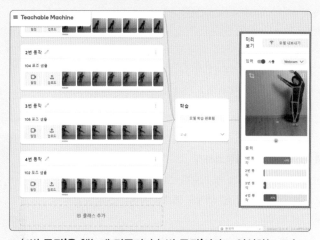

'4번 동작'을 했는데 컴퓨터가 '1번 동작'이라고 인식하는 모습

위 그림의 원인은 화면의 오른쪽에서 탈춤 동작을 학습시키지 않았기 때문입니다!

모델 업로드하기

1 [모델 업로드]를 클릭하여 학습된
모델을 클라우드에 업로드합니다.

2 모델 업로드가 완료되면 **[복사]**를 클릭하여 링크를 복사하고 **[창 닫기]**를 클릭합니다. 복사된
링크는 메모장에 기록해 둡니다.

3 이제 다른 도구에서 카메라를 사용하기 위해 미리보기 화면에
서 카메라를 '사용 안함'으로 변경합니다. '티처블 머신' 브라우저를
종료해도 좋습니다.

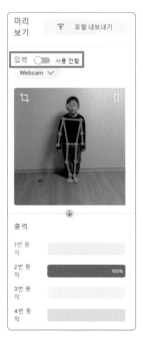

> **꼭 확인하기** **'티처블 머신' 카메라 비활성화하기**
>
> 이제 '댄싱 위드 AI'에서 카메라를 사용할 수 있도록 '티처블 머신'의 카메라 사
> 용을 비활성화합니다. 그리고 '티처블 머신' 외에도 웹캠을 사용하는 다른 브라
> 우저가 열려 있는지 확인해 보세요.

AI 탈춤 프로젝트 만들기

학습된 모델 불러오기

1 '댄싱 위드 AI'에 접속해 [OPEN POSEBLOCKS!]를 클릭합니다.

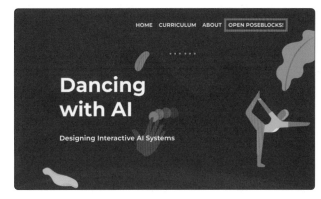

댄싱 위드 AI(Dancing with AI)
https://dancingwithai.media.mit.edu/

2 [파일] ➡ [Load from your computer]를 클릭합니다.

3 '스타터 코드' 폴더에서 '(Starter Code)Mask Dance Twins.sb3' 파일을 불러옵니다.

4 카메라 사용 권한 메시지가 보이면 [허용]을 클릭합니다.

5 [무대]에서 [배경]을 선택합니다.

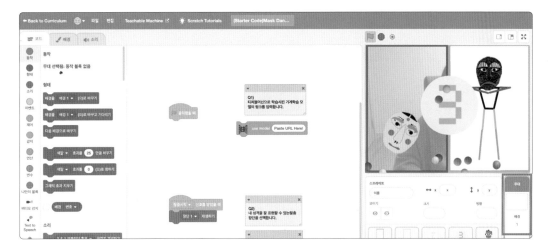

6 Quiz 1 '티처블 머신'에서 복사해 두었던 링크를 마우스 오른쪽 버튼을 클릭해 [붙여넣기]로 입력합니다.

7 [녹색 깃발()]을 클릭하여 프로젝트를 실행하고 티처블 머신으로 만든 기계학습 모델을 불러옵니다.

> **노트** 기계학습 모델이 로드되는 동안 약간의 지연이 있을 수 있습니다.

8 '비디오 감지(비디오 감지)' 블록을 클릭해 '1~4번 동작' 클래스가 들어왔는지 확인합니다.

> **꼭 확인하기** 공백 확인하기
>
> 클래스에 '1~4번 동작이' 표시되지 않으면 Quiz 1 의 URL 입력하는 부분에 공백이 포함되었는지 확인해 보세요. URL을 입력할 때 공백이 있으면 학습된 모델을 성공적으로 불러올 수 없습니다.

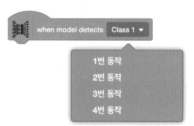

기계학습 모델을 불러오기 전 블록

기계학습 모델을 불러온 후 블록

9 [무대] ➡ [배경]이 선택된 상태에서 [소리(🔊 소리)] 탭을 클릭합니다. 목록에 있는 소리를 들어 보고 그 중에서 내 성격을 잘 표현할 수 있는 소리를 찾아 이름을 확인합니다.

> **꿀팁** 소리 파일 업로드하기
>
> [소리 고르기(🔊)] ➡ [소리 업로드하기 (📤)]를 클릭해 직접 탈춤 장단을 추가해도 좋습니다.
>
>

10 Quiz 2 [코드(코드)] 탭을 클릭해 '탈춤시작' 메시지를 받을 때 선택한 탈춤 장단이 재생되도록 스크립트를 작성합니다.

도전하기

다양한 탈춤 장단 재생하기

방법 1

탈춤 장단 여러 개를 순차적으로 이어서 재생합니다.

```
1-4 타령 (합주) ▼   재생하기
2-3 돔부리장단 ▼   재생하기
```

방법 2

소리 목록에 있는 임의의 장단을 재생합니다. 만약 소리 목록에 14개의 장단이 있다면 '1부터 14 사이의 난수'로 설정합니다.

```
1  부터  14  사이의 난수  재생하기
```

몸 관절의 움직임 확인하기

1 [Body Pose Sensing( )] 기능을 활용하여 우리가 탈춤을 출 때 관절 위치가 어떻게 변하는지 확인해 보겠습니다. 스프라이트 목록에서 'nose( )'를 선택합니다.

2 (Quiz 3) 프로젝트가 실행되면 스프라이트 'nose( )'가 코 관절을 따라 계속 움직이도록 하기 위해 'nose'를 선택합니다.

2 (Quiz 4~15) **1**~**2**와 같은 방법으로 아래 총 열두 개의 스프라이트도 해당 관절을 따라 움직이도록 스크립트를 만듭니다.

오른쪽　　　왼쪽

꼭 확인하기

웹캠은 좌우 반전하여 인식합니다.

		왼쪽		오른쪽	
		스프라이트 이름	관절 포인트	스프라이트 이름	관절 포인트
●	어깨	L-shoulder	left shoulder	R-shoulder	right shoulder
●	팔꿈치	L-elbow	left elbow	R-elbow	right elbow
○	손목	L-wrist	left wrist	R-wrist	right wrist
●	엉덩이	L-hip	left hip	R-hip	right hip
●	무릎	L-knee	left knee	R-knee	right knee
●	발목	L-ankle	left ankle	R-ankle	right ankle

주요 관절 포인트

카운트다운 세기

1 스프라이트 목록에서 [countdown
(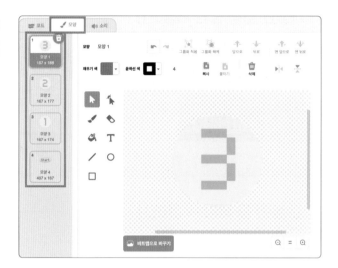)]을 클릭하고 [모양(✏️ 모양)] 탭
에서 네 가지 모양을 확인합니다.

2 Quiz 16 프로젝트가 실행되면 '3-2-1-Start'순으로 카운트다운을 세
고 탈춤을 시작하도록 다음과 같이 스크립트를 작성합니다. 스크립트의
모양이 모두 네 개이므로 '다음 모양으로 바꾸기'를 총 3회 실행합니다.

3 [전체 화면(⛶)]을 클릭하여 화면을 키우고, [녹색 깃발(🚩)]을 클
릭하여 프로젝트를 다시 실행합니다. 카운트다운이 끝나면 탈춤 장단
이 시작되고 관절 포인트가 인식되나요? 카메라를 향해 몸을 자유롭게
움직여 보고, 열세 개의 관절 포인트가 잘 따라오는지 확인합니다.

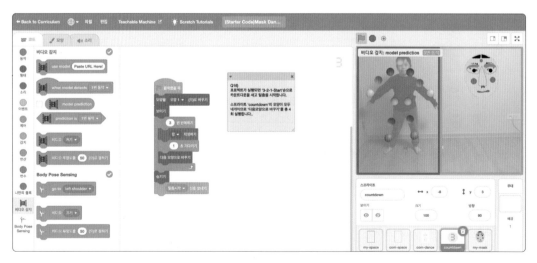

4 카메라를 향해 탈춤 1~4번 동작을 차례대로 해 봅니다. 비디오 감지에 각 동작이 잘 인식되나요?

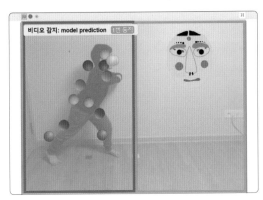

'1번 동작'이 인식된 모습

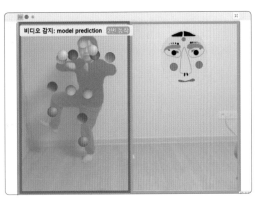

'2번 동작'이 인식된 모습

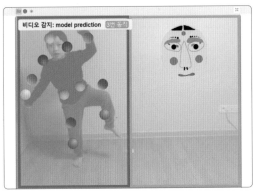

'3번 동작'이 인식된 모습

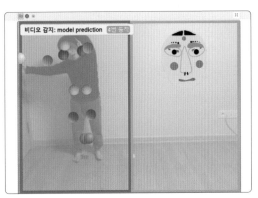

'4번 동작'이 인식된 모습

꼭 확인하기 탈춤 추는 포인트 지점 확인하기

'티처블 머신'에 탈춤 동작을 학습시킬 때 스크린 화면의 왼쪽 중앙(2번 포인트 지점)에서 샘플 데이터를 촬영했습니다. 해당 포인트 지점 위에서 탈춤 동작을 해 보세요.

5 [정지(●)]를 클릭하여 실행 중인 프로젝트를 멈추고 [화면 축소하기(✖)]를 클릭합니다.

나만의 탈을 그리고 얼굴에 쓰기

1 얼굴에 쓸 탈을 만들기 위해 스프라이트 목록에서 'my-mask(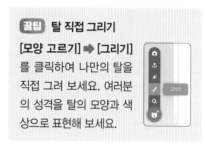)'를 클릭합니다.

2 [모양(✏️ 모양)] 탭에서 탈 모양
을 확인합니다. 이 중에서 내 성격
을 잘 표현할 수 있는 탈을 고르고
모양의 이름을 확인합니다.

> **꿀팁 탈 직접 그리기**
> [모양 고르기] ➡ [그리기]
> 를 클릭하여 나만의 탈을
> 직접 그려 보세요. 여러분
> 의 성격을 탈의 모양과 색
> 상으로 표현해 보세요.

3 (Quiz 17) [코드(💻 코드)] 탭을 클릭하여 **2**에서 선택한 탈
을 입력합니다.

4 (Quiz 18) 탈이 코를 따라 움직이도록 [Body Pose Sensing
(Body Pose Sensing)]의 'go to' 블록에서 'nose'를 선택합니다.

5 (Quiz 19) 탈이 무대 앞으로 올수록 더 크게 보이도록
y 좌푯값을 사용하여 수식을 완성합니다. 내 움직임 공간을
고려하여 적절한 숫자를 입력합니다. 여기서는 자연스러운 효
과를 내기 위해 수식을 '(y 좌표 − 180) ÷ (−1)'로 입력합니다.

> **꼭 확인하기** 내 움직임 공간에 적절한 숫자 값이 무엇인지 실험해 보고
> 수식에 적절한 숫자 값을 입력하세요.

6 [녹색 깃발(🚩)]을 클릭하여 프로젝트를 실행합니다. 카운트다운이 끝나고 탈춤 장단이
시작되면 탈이 얼굴에 씌워지나요? 무대 위에서 얼굴을 자유롭게 움직여 보고 내가 만든 탈이
코의 움직임을 따라오는지 확인합니다. 그리고 이상이 없으면 [정지(🔴)]를 클릭하여 실행 중
인 프로젝트를 멈춥니다.

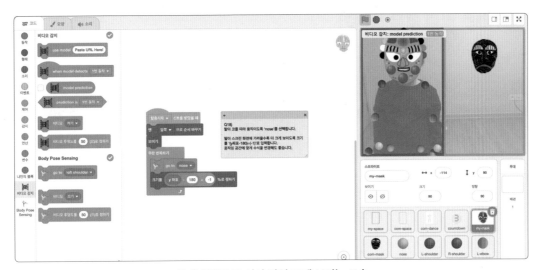

무대 앞쪽으로 서서 탈이 크게 보이는 모습

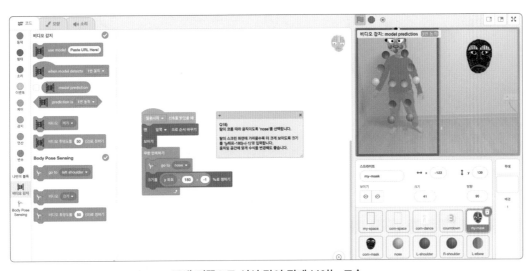

무대 뒤쪽으로 서서 탈이 작게 보이는 모습

꿀팁 그림판에서 탈 위치 변경하기

❶ [모양(✏️모양)] 탭에서 탈을 선택합니다.

❷ 마우스를 클릭하거나 드래그하여 이동시킬 그림을 선택합니다.

❸ 마우스를 드래그하여 위치를 변경합니다.

❹ [코드(📄코드)] 탭에서 [녹색 깃발(🚩)]을 클릭하여 탈이 내 얼굴에 맞게 씌워지는지 확인합니다.

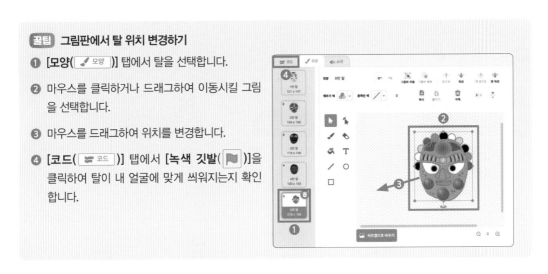

내가 만든 탈춤 동작 그리기

1 스프라이트 목록에서 'com-dance( )'를 선택하고 [모양( )] 탭을 클릭합니다.

2 Quiz 20 모양 목록에서 '1번 동작'을 클릭하고 내가 만든 탈춤 동작으로 그림을 변경합니다. 여기서 완성한 그림은 컴퓨터가 나를 따라 탈춤을 추는 모습입니다. 같은 방법으로 '4번 동작'까지 그림을 모두 완성합니다.

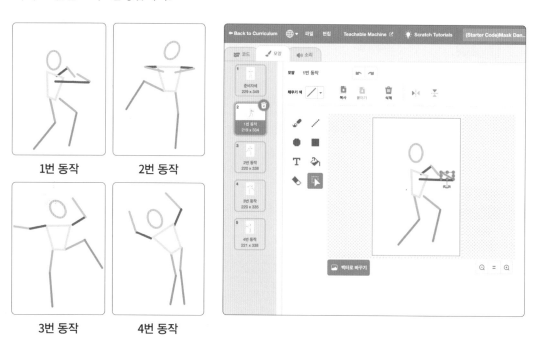

1번 동작   2번 동작

3번 동작   4번 동작

컴퓨터가 내 탈춤 동작 따라 하도록 만들기

1 Quiz 21 학습된 모델이 내 동작을 '1번 동작'으로 인식하면 컴퓨터도 '1번 동작'을 하도록 스크립트를 작성합니다.

2 Quiz 22~24 **1**과 같은 방법으로 '2~4번 동작'에 대해 각각 스크립트를 작성합니다.

3 이번에는 무대의 오른쪽에서 춤을 추는 컴퓨터에 탈을 씌워 보겠습니다. 스프라이트 목록에서 'com-mask()'를 클릭하고 [모양( 모양)] 탭에서 탈 모양이 총 다섯 개인 것을 확인합니다.

4 (Quiz 25) [코드(코드)] 탭을 클릭하여 프로젝트가 실행되면 스프라이트 'com-mask'의 모양을 임의의 것으로 결정합니다. 총 다섯 개의 탈 모양이 있으므로 '1부터 5 사이의 난수'로 설정합니다.

> **꿀팁 스프라이트의 각도 변경하기**
>
> 각도는 직접 숫자로 입력하거나 마우스를 드래그하여 '−180~180' 혹은 '0~360' 사이의 값으로 설정할 수 있습니다.

5 (Quiz 26~29) 학습된 모델이 내 동작을 '1번 동작'으로 인식하면 컴퓨터 탈의 모양도 '1번 동작'을 하도록 스크립트를 작성합니다.

6 **5**와 같은 방법으로 '2~4번 동작'에 대해 스크립트를 작성합니다.

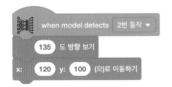

7 [전체 화면( )]을 클릭하여 화면을 키우고, [녹색 깃발( )]을 클릭하여 프로젝트를 다시 실행합니다.

8 이제 탈춤을 시작할 준비가 되었습니다! 여러분의 성격을 탈과 탈춤, 탈춤 동작으로 멋지게 뽐내어 보세요. 인공지능과 함께 덩실덩실 탈춤을 즐겨 보세요. 내가 만든 탈춤을 인공지능이 잘 따라 하나요?

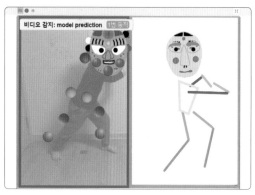

인공지능과 함께 '1번 동작'을 추는 모습

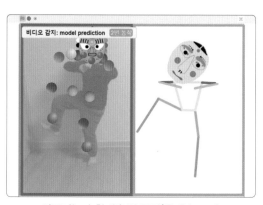

인공지능과 함께 '2번 동작'을 추는 모습

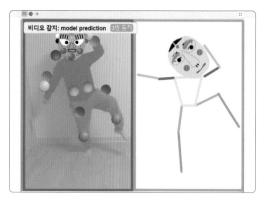

인공지능과 함께 '3번 동작'을 추는 모습

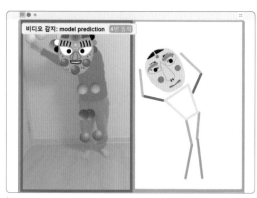

인공지능과 함께 '4번 동작'을 추는 모습

꿀팁 탈춤 동작 표시 숨기기

'비디오 감지( )'에서 'model prediction'의 체크를 해제하면 기계학습 모델이 인식한 탈춤 동작 표시를 숨길 수 있습니다.

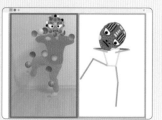

꿀팁 인공지능과 함께 탈춤 추는 모습 녹화하기

[녹화( )]를 클릭하면 인공지능과 함께 탈춤을 추는 모습을 녹화할 수 있습니다. 단, 소리는 녹음이 되지 않습니다. 소리와 함께 녹화하는 방법은 이 책의 013~014쪽을 참고하세요.

9 [정지(●)]를 클릭하여 실행 중인 프로젝트를 멈추고 [**화면 축소하기**(✕)]를 클릭합니다.

10 프로젝트를 저장하기 위해 제목을 '(Complete Code)Mask Dance Twins'로 변경하고 [**파일**] ➡ [**컴퓨터에 저장하기**]를 클릭합니다.

11 파일 저장 위치를 선택하고 [**저장**]을 클릭합니다. 컴퓨터에 저장된 프로젝트 파일은 댄싱 위드 AI의 [**파일**] ➡ [**Load from your computer**]에서 다시 불러올 수 있습니다.

5 응용하기

더욱 역동적으로 탈춤을 즐기려면 어떻게 해야 할까요? 여기서는 '댄싱 위드 AI'의 다양한 센서 인식 기능을 활용하여 탈춤을 더욱 신명 나게 즐겨 봅니다.

① 마치 한삼을 끼고 탈춤을 추는 것처럼 손목의 움직임에 맞춰 그래픽 효과를 표현해 봅니다.

② 한삼이 탈에 닿을 때 탈 모양과 색상을 바꿔 봅니다.

③ 여럿이 함께 추는 모습을 연출해 봅니다.

실습 영상
https://bit.ly/3W5rXaR

➕ 더 알아보기

방탄소년단의 탈춤 감상하기

방탄소년단, MMA 스페셜 무대
탈춤, 2018
https://bit.ly/3CGhMAO

한삼에 멋을 싣고

1 '댄싱 위드 AI'에 접속해 [OPEN POSEBLOCKS!]를 클릭합니다.

댄싱 위드 AI(Dancing with AI)
https://dancingwithai.media.mit.edu/

2 [파일] ➡ [Load from your computer]를 클릭합니다.

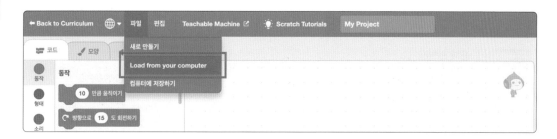

3 '스타터 코드' 폴더에서 '(Starter Code)Mask Dance Trio.sb3' 파일을 불러옵니다.

4 마이크 사용 권한 메시지가 보이면 [허용]을 클릭합니다.

5 프로젝트가 열리면 [녹색 깃발( )]을 클릭하여 스타터 코드를 실행합니다.

노트 스타터 코드가 로드되는 동안 약간의 지연이 있을 수 있습니다.

6 [무대]에서 [배경]을 선택합니다.

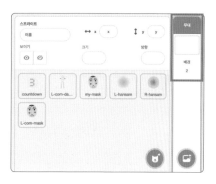

7 (Quiz 1) 마우스 오른쪽을 클릭하고 [붙여넣기]를 클릭하여 '티처블 머신'에서 복사해 두었던 링크를 입력합니다. '(Complete Code)Mask Dance Twins.sb3'에 사용했던 기계학습 모델과 같습니다.

8 [녹색 깃발( )]을 클릭하여 프로젝트를 실행하고 '티처블 머신'으로 만든 기계학습 모델을 불러옵니다.

노트 기계학습 모델이 로드되는 동안 약간의 지연이 있을 수 있습니다.

9 '비디오 감지()' 블록에서 '1~4번 동작' 클래스
가 들어온 것을 확인합니다.

> **꼭 확인하기** 공백 확인하기
>
> 클래스(Class)에 '1~4번 동작'이 표시되지 않으면 **Quiz 1**의
> URL 입력하는 부분에 공백이 포함되었는지 확인해 보세요. URL
> 을 입력할 때 공백이 있으면 학습된 모델을 성공적으로 불러올
> 수 없습니다.

기계학습 모델이 로드되기 전 블록

기계학습 모델이 로드된 블록

10 [소리(🔊 소리)] 탭을 클릭합니다.
[재생(▶)]을 클릭하여 모든 소리
를 들어 보고 그중에서 여럿이 함께
추고 싶은 장단을 찾아 이름을 확
인합니다.

> **꿀팁** 소리 파일 업로드하기
>
> [소리 고르기(🔊)] ➡ [소리 업로드하
> 기(⬆)]를 클릭해 직접 탈춤 장단을 추
> 가해도 좋습니다.
>
>

11 **Quiz 2** [코드(🚩 코드)] 탭을 클릭하여 '탈춤시작' 메시지
를 받을 때 재생할 탈춤 장단을 선택합니다.

12 이제 한삼 효과를 만들어 보겠습니다. 스프라이트 목록에서 'L-hansam(⚪)'을 클릭하고
[코드(🚩 코드)] 탭을 클릭합니다.

13 (Quiz 3) 탈춤이 시작되면 스프라이트 'L-hansam()'
이 왼쪽 손목을 따라 움직이도록 'left wrist'를 선택합니다.

14 (Quiz 4) 탈춤이 시작되면 한삼 모양을 계속하여 복제합
니다. 한삼이 복제될 때마다 색깔 효과를 원하는 만큼 변
경합니다. 숫자가 클수록 색깔이 더 많이 변합니다.

15 (Quiz 5) 한삼이 무대 앞으로 올수록 더 크게 보이도록
y 좌푯값을 사용하여 수식을 완성합니다. 내 움직임 공간
을 고려하여 적절한 숫자를 입력합니다. 여기서는 자연스러
운 효과를 내기 위해 수식을 '(y 좌표 − 180) ÷ (−2)'로 입력
합니다. '탈춤시작' 메시지를 받을 때 스크립트를 다음과 같
이 완성합니다.

16 스프라이트 목록에서 'R-hansam()'을 클릭합니다.

17 (Quiz 6) 탈춤이 시작되면 'R-hansam( )' 스프라이트
가 오른쪽 손목을 따라 움직이도록 'right wrist'를 선택합
니다.

18 (Quiz 7) 스프라이트 'R-hansam'이 복제될 때마다 색깔을 무작위로 변경합니다.

19 [녹색 깃발(🚩)]을 클릭하여 프로젝트를 다시 실행합니다. 무대 위에서 양쪽 손목을 자유롭게 움직여 보세요. 실제 한삼을 끼고 추는 것처럼 양쪽 손목의 움직임에 맞춰 근사한 그래픽 효과를 확인할 수 있나요?

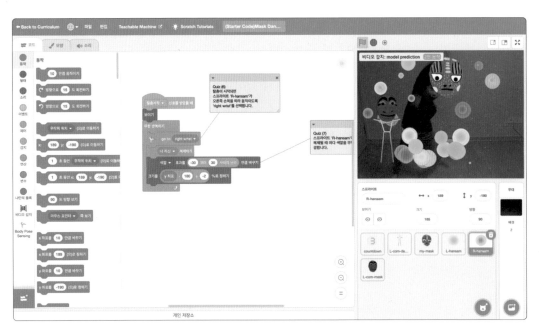

- 도전하기 -

한삼에 그래픽 효과 연출하기

다음과 같이 스프라이트를 작성하여 복제된 한삼 스프라이트를 무대 위에서 천천히 사라지도록 해 보세요. 입력한 숫자 값이 클수록 더 천천히 사라집니다.

20 [정지(🔴)]를 클릭하여 실행 중인 프로젝트를 멈춥니다.

탈 바꿔쓰기

1 스프라이트 목록에서 'my-mask()'를 클릭합니다.

2 (Quiz 8) 왼쪽 한삼으로 내가 쓴 탈을 터치하여 탈 모양을 변경해 보겠습니다. 스프라이트 'L-hansam(　)'에 닿으면 다음 모양으로 변경하도록 스크립트를 작성합니다.

3 (Quiz 9) 오른쪽 한삼으로 내가 쓴 탈을 터치하여 탈 색깔을 변경해 보겠습니다. 스프라이트 'R-hansam(　)'에 닿으면 색깔 효과를 변경하도록 스크립트를 작성합니다.

4 [녹색 깃발(🚩)]을 클릭하여 프로젝트를 다시 실행합니다. 무대 한가운데에서 몸을 자유롭게 움직이다가 스프라이트 'L-hansam(　)'과 스프라이트 'R-hansam(　)'으로 내가 쓴 탈을 터치해 보세요. 탈의 모양과 색깔이 바뀌나요?

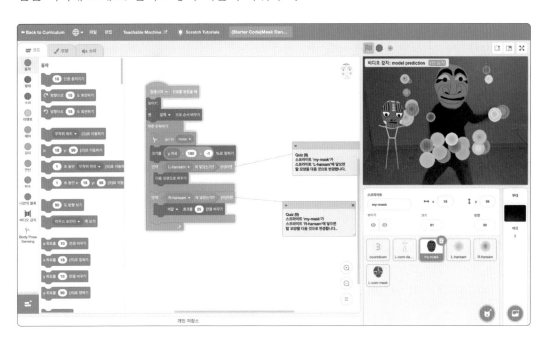

5 [정지(⏺)]를 클릭하여 실행 중인 프로젝트를 멈춥니다.

여럿이 함께 얼쑤!

1 스프라이트 목록에서 'L-com-dance( )'를 클릭합니다.

2 Quiz 10 컴퓨터가 무대의 왼쪽에서 춤을 추도록 위치를 지 정해 줍니다. 내 움직임 공간에 맞춰 적절한 x, y 좌푯값을 입 력합니다. 여기서는 x 좌표를 '-150', y 좌표를 '-50'으로 각각 입력합니다.

> 꿀팁 **좌푯값 확인하기**
> 스프라이트 속성에서 x, y 좌푯값을 확인할 수 있습니다.

3 Quiz 11 학습된 모델이 내 동작을 '1번 동작'으로 인식하면 컴퓨터도 '1번 동작'을 하도록 스크립트를 작성합니다.

4 Quiz 12~14 **3**과 같은 방법으로 '2~4번 동작'에 대해 스크립트를 작성합니다.

5 Quiz 15 [모양(모양)] 탭을 클릭하고 내가 만든 탈춤 동작으로 그림을 변경합니다. 여기서 완성한 그림은 무대 위 왼쪽 컴퓨터가 따 라 추는 모습으로 표현하게 됩니다. '1~4번 동작'까지 그림을 모두 완성 합니다.

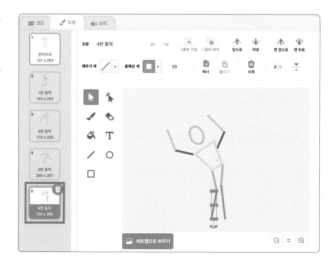

6 (Quiz 16) 이번에는 컴퓨터가 무대 위의 오른쪽에서 탈춤을 추도록 만들어 보겠습니다. 스프라이트 'L-com-dance( )' 위에서 마우스 오른쪽 버튼을 눌러 [복사]를 클릭합니다.

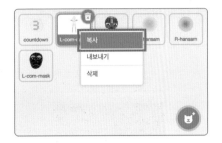

7 (Quiz 17) 새로운 스프라이트가 추가되면 이름을 'R-com-dance'로 바꿔 줍니다.

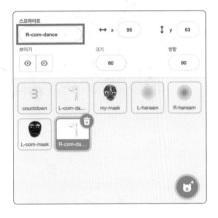

> **꿀팁** **스프라이트 목록에서 배치 순서 바꾸기**
>
> 스프라이트 목록에서 마우스로 드래그를 하면 스프라이트의 배치 순서를 변경할 수 있어요.
>
>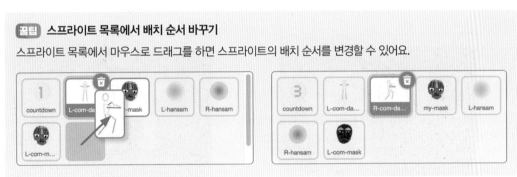

8 (Quiz 18) [코드(코드)] 탭을 클릭하고 **2**와 같은 방법으로 스프라이트의 위치를 지정해 줍니다. 여기서는 x 좌표를 '160', y 좌표를 '-50'으로 각각 입력합니다.

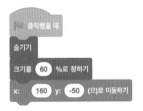

9 [녹색 깃발(🏳)]을 클릭하여 프로젝트를 시작하고 무대의 중앙에서 내가 만든 탈춤 동작을 해 봅니다. 두 인공지능이 탈춤을 잘 따라 하나요?

인공지능과 함께 '1번 동작'을 추는 모습　　　인공지능과 함께 '2번 동작'을 추는 모습

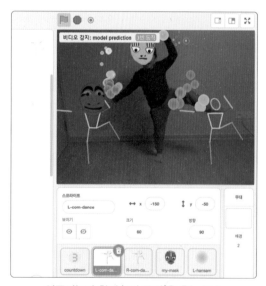
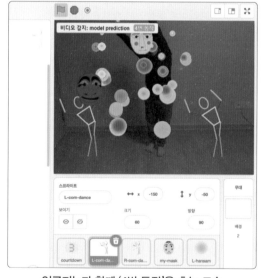

인공지능과 함께 '3번 동작'을 추는 모습　　　인공지능과 함께 '4번 동작'을 추는 모습

꼭 확인하기 '티처블 머신'에 탈춤 동작을 학습시킬 때 스크린 화면의 중앙(1번 포인트 지점)에서 샘플 데이터를 촬영했습니다. 해당 포인트 지점 위에서 탈춤 동작을 해 보세요.

10 [정지(🔴)]를 클릭하여 실행 중인 프로젝트를 멈춥니다.

11 이번에는 컴퓨터에게 탈을 씌워 보겠습니다. 스프라이트 목록에서 'L-com-mask()'를 클릭합니다.

12 (Quiz 19) 학습된 모델이 내 동작을 '1번 동작'으로 인식하면 컴퓨터 탈의 모양도 '1번 동작'을 하도록 스크립트를 작성합니다.

13 (Quiz 20~22) **12**와 같은 방법으로 2~4번 동작에 대해 스크립트를 작성합니다.

14 (Quiz 23) 이번에는 무대 위의 오른쪽에서 춤을 추는 컴퓨터에 탈을 씌워 보겠습니다. 스프라이트 'L-com-dance()' 위에서 마우스 오른쪽 버튼을 눌러 **[복사]**를 클릭합니다.

15 (Quiz 24) 새로운 스프라이트가 추가되면 이름을 'R-com-mask'로 바꿔 줍니다.

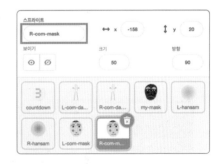

16 (Quiz 25) 'R-com-mask( )'의 x, y 좌푯값과 방향값을 알맞게 입력하여 초기 상태를 설정해 줍니다. 스프라이트 'R-com-dance( )'의 얼굴 위에 위치시키도록 하되, 내 움직임 공간에 맞춰 적절한 숫자를 입력합니다.

17 (Quiz 26) 스프라이트 'R-com-mask()'가 '탈춤시작' 신호를 받을 때 위치를 **16**과 동일하게 설정합니다.

18 (Quiz 27~30) 학습된 모델이 내 동작을 '1번 동작'으로 인식하면 컴퓨터 탈의 모양도 '1번 동작'을 하도록 스크립트를 작성합니다. '1~4번 동작'에 대해 각각 스크립트를 완성합니다.

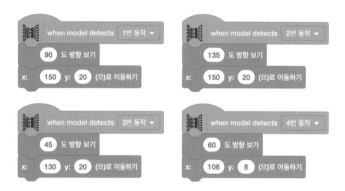

19 [전체 화면(⛶)]을 클릭하여 화면을 키우고, [녹색 깃발(🚩)]을 클릭하여 프로젝트를 다시 실행합니다.

20 이제 탈춤을 시작할 준비가 되었습니다! 인공지능과 함께 신명 나는 탈춤 한마당을 즐겨 보세요. 여럿이 함께 추는 탈춤은 또 어떤 매력이 있을까요?

인공지능과 함께 '1번 동작'을 추는 모습

인공지능과 함께 '2번 동작'을 추는 모습

인공지능과 함께 '3번 동작'을 추는 모습

인공지능과 함께 '4번 동작'을 추는 모습

꿀팁 탈춤 동작 표시 숨기기

'비디오 감지(비디오 감지)'블록 'model prediction'의 체크를 해제하면 기계학습 모델이 인식한 탈춤 동작 표시를 숨길 수 있습니다.

꿀팁 인공지능과 함께 탈춤 추는 모습 녹화하기

[녹화(◉)]를 클릭하면 인공지능과 함께 탈춤을 추는 모습을 녹화할 수 있습니다. 단, 소리는 녹음이 되지 않습니다. 소리와 함께 녹화하는 방법은 이 책의 013~014쪽을 참고하세요.

21 [정지(⬤)]를 클릭하여 실행 중인 프로젝트를 멈추고 [화면 축소하기(✗)]를 클릭합니다.

22 프로젝트를 저장하기 위해 제목을 '(Complete Code)Mask Dance Tro'로 변경하고 [파일] ➡ [컴퓨터에 저장하기]를 클릭합니다.

23 파일 저장 위치를 선택하고 [저장]을 클릭합니다. 컴퓨터에 저장된 프로젝트 파일은 댄싱 위드 AI의 [파일] ➡ [Load from your computer]에서 다시 불러올 수 있습니다.

6 창작하기

나만의 아이디어를 추가하여 인공지능 프로젝트를 발전시키고, 완성한 프로젝트를 활용하여 근사한 퍼포먼스와 재미있는 놀이를 만들어 봅시다.

인공지능 프로젝트 발전시키기

나만의 스토리와 아이디어를 추가해 보세요. 코딩 카드를 활용하여 다양한 기능을 실험해 보고 추가해 보세요.

신명 나는 탈춤 한마당 즐기기

완성한 프로젝트를 활용하여 신명 나는 탈춤 한마당을 만들어 봅니다.

다음의 퍼포먼스를 감상해 보고, 나만의 탈춤 퍼포먼스를 연출해 보세요.

작품 제목: 신명 나는 탈춤 한마당
준비물: (Complete Code)Mask Dance Tro.sb3

'퍼포먼스하기' 탈춤 작품
https://bit.ly/3DCbOlY

나만의 탈춤 한마당 만들기

작품 제목:

몸의 어느 부분을 주로 움직여서 탈춤을 췄나요?

탈춤 추는 과정을 사진이나 영상으로 촬영하여 기록해 보세요.

작품의 주요 특징을 소개해 보세요.

작품을 만드는 과정에서 어떤 느낌이 들었나요?

완성된 작품을 감상하면서 어떤 느낌이 들었나요?

완성된 작품을 'AI 놀이터(https://padlet.com/ai4funplay/LetsPlay)'에 공유해 보세요.

놀이 만들기

내가 완성한 AI 프로젝트를 가지고 재미있는 탈춤 놀이를 만들어 봅시다. 때로는 혼자서, 때로는 친구나 가족과 함께 즐겁게 탈춤 놀이를 해 보세요.

[놀이 제목] **날 따라 해 봐요** [활동 자료] https://bit.ly/3giaaNq

[준 비 물] (Complete Code)Mask Dance Twins.sb3, 탈춤 소품(탈, 한삼, 한복 등)

[놀이 인원] 여럿

[놀이 방법]

참가자는 온몸을 움직여 탈춤을 춥니다.

① 참가자들에게 내가 만든 탈춤 동작을 알려줍니다.

② 탈춤 장단을 틀고 탈춤 동작을 다 함께 즐겨 봅니다.

③ 가위바위보를 하여 탈춤 순서를 정합니다.

④ 순서대로 장단에 맞춰 인공지능과 함께 탈춤을 춥니다.

참가자들이 탈춤 동작을 배우는 모습

인공지능과 탈춤을 추는 모습

- 실제 탈을 쓰고 한삼을 끼고 탈춤을 춰 보세요. '얼쑤!', '지화자 좋다!' 등 추임새를 넣어 가며 탈춤을 즐겨 보세요. 흥겨운 우리 가락을 온몸으로 느끼고 표현해 보세요.
- 여러분이 인공지능과 함께 탈춤을 즐기는 모습을 영상으로 촬영하고 감상해 보세요. 스크린 화면 위에서 덩실덩실 춤을 추는 여러분의 모습을 발견할 수 있답니다!

내가 만든 AI 프로젝트로 미러링 놀이 만들기

놀이 제목

준 비 물

놀이 인원

놀이 방법

몸의 어떤 부분을 움직여 탈춤 동작을 만드나요?

이 놀이는 어떻게 하는 건가요? 놀이 방법을 순서대로 설명해 보세요.

어떻게 하면 더욱 신나게 놀이를 할 수 있나요?

완성된 작품을 'AI 놀이터(https://padlet.com/ai4funplay/LetsPlay)'에 공유해 보세요.

이해하기

컴퓨터는 어떻게 창작할까요?

사람들은 옛날부터 다양한 것을 만들면서 살아가고 있습니다. 지금 여러분이 보고 있는 글자, 책뿐만 아니라 컴퓨터, TV, 스마트폰, 자동차 등 우리 주변의 수많은 것들을 수많은 사람들이 만들었죠. 이처럼 사람들은 새로운 것을 만드는 창조적인 능력을 지니고 있습니다. 그렇다면 사람의 두뇌 속에서 창조적인 능력은 어떻게 발현될까요?

오래전부터 철학자, 인지심리학자, 교육학자, 수학자, 뇌과학자들은 사람의 창조적인 능력이 어떻게 발현되는지 그 과정과 원리를 알고 싶어 했습니다. 지금까지 알게 된 것은 사람의 두뇌에는 뉴런이라는 신경 세포가 있고, 이런 뉴런 수천억 개가 연결된 신경망 안에서 신호를 주고받으며 정보를 처리하고, 패턴을 인식하여 학습하고, 결국 이것이 새로운 것을 만드는 능력으로 연결된다는 것입니다.

우리 두뇌에 있는 뉴런은 3개의 부분으로 구성되어 있습니다(다음의 그림을 참고하세요). 신호를 입력받는 부분, 입력받은 신호를 토대로 처리하는 부분, 그리고 다른 뉴런으로 신호를 출력하는 부분입니다. 하나의 뉴런은 신호를 입력받아 적당히 변환하여 다시 신호를 출력하는 간단한 과정으로 이뤄집니다. 하지만 이런 뉴런이 수천억개가 연결된 신경망에서 동작하면서 인간의 지적 활동, 새로운 것을 만드는 창작 활동까지 가능하게 된 것입니다.

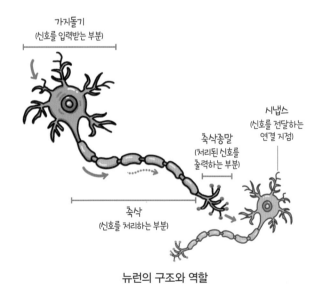

뉴런의 구조와 역할

사람의 지적 능력에 관심을 가졌던 컴퓨터 과학자들은 이런 뉴런과 신경망의 구조를 모방하여 컴퓨터로 구현하였습니다. 이것을 **인공신경망**(Artificial Neural Network)이라고 부릅니다. 인공신경망은 입력값에 따라 적절하게 계산하여 출력값을 만들고, 이를 다시 입력값으로 사용할 수 있도록 연결하는 구조를 구성합니다. 사람의 신경망처럼 하나의 입력이 여러 단계를 거치면서 정보를 처리하고 패턴을 인식하게 됩니다. 이 구조를 거대하게 만들면 사람처럼 지적 능력을 갖게 될 것이라고 기대하고 있습니다.

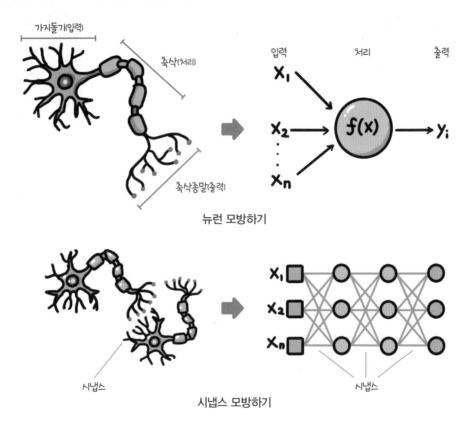

뉴런 모방하기

시냅스 모방하기

흥미로운 점은, 두뇌의 무게는 1.4~1.6kg이고, 몇 g의 포도당을 연료로 삼아 동작합니다. 하지만 인공지능에서 사용하는 인공신경망을 동작시키기 위해서는 일반인은 구입하기도 힘든 최첨단 장비와 값비싼 부품을 많이 사용합니다. 즉, 인간의 두뇌에 비하면 아직 인공지능 기술은 가성비가 매우 나쁜 기술이지요. 하지만 이런 부분도 다양한 연구를 통해 극복해 나가고 있습니다.

인공신경망의 작동 원리

인공신경망에 대해 관심이 더 생겼나요? 인공신경망이 어떻게 작동하는지, 그리고 우리는 어떻게 정보를 처리하는지 더 알고 싶다면 다음 영상을 참고해 보세요.

How Neural Networks Work
https://bit.ly/3p4cA3M

꿀팁 **외국어 영상을 한글 자막과 함께 보기**

영상 화면의 오른쪽 하단에서 '설정(⚙)'을 클릭하고 '자동 번역' ➡ '한국어'를 선택합니다.

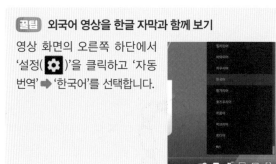

5부 '덩실덩실 미러링'에서는 기계학습을 통해 살아 있는 몸의 움직임을 인공지능에 학습시키고, 인공지능과 함께 창의적인 안무를 창작하는 주요 원리를 탐구해 보았습니다. **티처블 머신**(Teachable Machine)과 **댄싱 위드 AI**(Dancing with AI)를 사용하여 내가 만든 탈춤 동작을 인공지능에 가르치고 함께 즐기는 프로젝트를 만들어 보았습니다. 마치 거울을 보듯 내 움직임을 따라 하는 인공지능과 함께 신명 나는 탈춤놀이와 탈춤 한마당을 연출해 보았지요. 지금껏 했던 활동을 다시 한번 떠올려 보고 아래의 질문에 답하면서 여러분의 생각을 정리해 보세요.

인공지능과 함께 탈춤 추기

내가 탈춤을 배우는 과정, 친구가 내 탈춤 동작을 배우는 과정, 인공지능이 내 탈춤 동작을 배우는 과정은 무엇이 비슷하고 무엇이 달랐나요?

친구나 가족과 함께 탈춤을 즐길 때와 내가 만든 인공지능과 함께 탈춤을 출 때 중에서 무엇이 더 마음에 드나요? 왜 그러한가요?

인공지능 프로젝트에서 인공지능과 함께 탈춤을 출 때 무엇이 가장 흥미로웠나요?

인공지능 프로젝트에서 인공지능과 함께 탈춤을 출 때 무엇이 가장 힘들었나요? 어떻게 해결하였나요?

내가 만든 인공지능 탈춤 프로젝트에서 새롭게 도전하고 싶은 것이 있나요?

공감하기

생각하며 놀아보기

인공지능 기술이 발전해서 우리 생활 속에서 다양하게 사용된다면 좋은 일만 있을까요? 다음 상황에서 여러분이 가온이라면 어떻게 행동해야 할지 생각해 봅시다.

가온이는 프로그래머가 꿈이다. 평소에도 최신 프로그래밍 기술에 대한 소식을 즐겨 찾고, 간단한 프로그램을 만들어 보면서 공부를 하고 있다. 가온이는 최근에 공개된 인공지능 기술을 이용하여 멋진 그림 작품을 손쉽게 그릴 수 있는 공개 프로그램 코드를 공부하여 가온이가 좋아하는 그림을 그릴 수 있는 인공지능 프로그램을 개발하였다. 가온이는 인공지능 프로그램으로 만든 그림 작품을 자신의 SNS에 업로드를 했다. 얼마 뒤 누군가가 가온이의 SNS에 업로드된 그림 작품을 복사해서 무단으로 판매하는 게시글을 발견하였다. 가온이는 자신 몰래 자신의 인공지능 프로그램이 만든 작품을 판매하고 있다는 사실에 화가 났다.

위 상황에서 여러분이 생각하는 문제는 무엇인가요?

여러분이 가온이라면 이런 상황에서 어떤 행동을 할까요? 그 이유는 무엇인가요?

실제로 다음과 같은 사례가 있었어요.

중국에서는 인공지능 기술을 이용하여 작성된 기사를 무단으로 사용한 경우에 대해 저작권 침해로 판단한다고 중국 법원에서 판단하였다. 이 사례에서 중국 법원은 저작물에 해당하는 뉴스 기사를 인간만이 작성해야 하는지는 언급하지 않고, 그 기사를 작성하는 과정에 관여한 사람들의 노력을 고려하여 일정 부분 독창성을 가지고 있다고 판단하였다.[42]

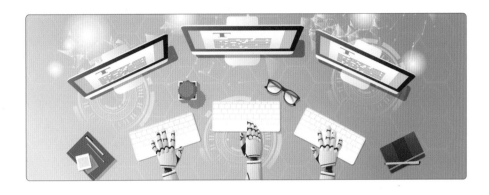

인공지능 기술을 이용하면 어떤 예술가가 만든 그림이나 음악을 흉내 낼 수 있습니다. 해당 예술가가 만든 그림과 음악이 인공지능 기술의 학습 데이터가 되는 셈이지요. 더 나아가 새로운 형태의 그림 또는 음악 등의 예술 작품을 만들 수도 있습니다. 그렇다면 인공지능이 만든 그림 또는 음악 등의 작품을 예술 작품이라고 할 수 있을까요? 또한, 예술 작품을 만든 창작자의 권리를 보호하기 위해 만든 저작권은 어떻게 적용될 수 있을까요? 인공지능이 만든 예술 작품은 저작권을 갖고 있을까요? 가지고 있다면 인공지능 기술일까요? 인공지능 기술을 만든 사람일까요? 아직 이 질문에 대한 명확한 답은 없습니다. 앞으로 기술이 발전하고 기술을 사용하는 사회에서 수많은 논의를 거쳐 정해져야 합니다. 여러분은 어떻게 생각하나요?

➕ 더 알아보기

인공지능이 만든 창작물도 지식재산권이 될까?

창작물이란 무엇일까요? 사람만이 창작물을 만들 수 있을까요? 사람이 만든 인공지능이 만든 작품은 창작물이라고 할 수 있을까요? 인공지능이 만든 창작물은 누구의 것일까요? 이런 정의는 나라별, 문화권별로 다르게 이해되고 있습니다. 다음 영상을 참고해 보세요.

1-인공지능이 만든 창작물도
지식재산권이 될까?
https://bit.ly/3v1cc9Z

기술은 더 이상 전문가들만을 위한 것이 아닙니다. 이제는 누구든지 기술을 제어하고, 기술을 통해 자신만의 아이디어를 표현할 수 있게 되었지요. 때문에 우리는 디지털화되고 네트워크화된 주변 세계를 조망하고, 자신만의 관점을 세울 수 있어야 합니다.

기술을 매개로 다른 사람들과 상호작용하며 함께 배우고 협력하는 것은 학습의 질과 양을 더욱 풍부하게 해 주며, 이러한 학습 경험은 자신이 살아가고 있는 세계를 향한 관점을 세우고 비판적으로 생각하는 역량을 길러 줍니다.

창의적 학습(Creative Learning)은 자신이 좋아하는 것을 재미있고 깊게 탐구할 수 있도록 하는 효과적인 방법이며, 가족이 함께 참여하는 활동은 가족 구성원 모두가 함께 배우는 기회가 됩니다.

가족이 함께 공동의 관심사를 추구하고 서로 협력하고, 새로운 것을 함께 시도하는 등 학습의 모든 과정에서 이러한 가치를 깨닫고 평가할 수 있습니다. 부모는 자녀에게 질문하고, 격려하고, 자녀의 활동에 진정한 관심을 보이는 등 자녀가 새로운 기술을 배우고 바람직한 방법으로 사용할 수 있도록 지원하는 방법을 배울 수 있습니다.

— 《가족의 창의적 학습》[43] **중에서**

6부

다시 만나기

되돌아보기

즐겁고도 뜻깊은 여정이 마무리되었습니다. 여러분 모두가 이 여정을 무사히 마친 것을 축하합니다! 여러분은 인공지능과 함께 즐거운 놀이를 만들어 보고, 인공지능과 함께 근사한 예술 작품도 만들어 보면서 '나'를 들여다보고 '내 생각'을 표현해 보았답니다.

즐거운 마음으로 참여하되 모든 과정에 진중하게 임했던 우리들!

여럿이 함께하는 활동에서는 서로를 존중하고, 섬세하고 정교하게 마음을 주고받았던 우리들!

예술가이자 과학자, 학생이자 선생님이었던 우리들!

눈치 보지 않고 내 모습과 내 생각을 맘껏 표현했던 우리들!

우리, 정말 멋지지 않나요? 지금껏 했었던 활동을 되돌아보면서 나의 생각과 느낌을 정리해 봅시다.

- ◉ 가장 흥미로웠던 활동은 무엇이고 왜 그러한가요?
- ◉ 인공지능과 함께 더욱 즐겁게 놀이를 하고, 내 마음에 쏙 드는 작품을 만들려면 어떻게 해야 할까요?
- ◉ 인공지능이 주변의 정보를 감지하고 정보를 처리하는 과정은, 사람이 하는 것과 무엇이 비슷하고 무엇이 다른가요?
- ◉ 인공지능이 학습하는 과정은, 사람이 학습하는 것과 무엇이 비슷하고 무엇이 다른가요?
- ◉ 인공지능과 협업하여 만든 창작품을 예술이라 할 수 있나요? 왜 그러한가요?
- ◉ 나를 이해하고 표현하는 데 얼마나 진솔하게 임하였나요? 나를 이해하는 데 가장 도움이 되었던 활동은 무엇이었나요?

계획하기

여러분의 새로운 여정을 계획해 보세요. 코드와 인공지능 기술 안에 여러분의 이야기를 듬뿍 담아 표현해 보세요.

우리 몸, 코딩, 인공지능을 활용해서 무엇을 더 만들어 보고 싶나요?

나를 이해하고 표현하기 위해 인공지능과 함께 어떠한 도전을 해 보고 싶나요?

시작하고 계속하게 해 주는 마음속 주문 한 마디를 만들어 볼까요?

내 가족, 내가 사랑하는 사람, 나를 존중해 주는 사람에게 나의 새로운 계획을 알리고 응원과 격려 메시지를 받아 보세요.

마치며

타자기를 처음 사용하면서부터
글쓰는 과정에서 내 사고 패턴과 문장이 바뀌었다.

― 프리드리히 니체

19세기 철학자이자 사상가, 시인, 음악가였던 니체는 철학자의 가장 큰 특징을 '몸'이라 말했습니다. 즉, 인간은 몸을 통해 생각할 수 있고 지혜를 얻을 수 있다고 하였지요. 즉, 우리의 생각이 몸(뇌 신경계)을 통해 이뤄지는 만큼 생각하는 과정은 몸의 변화에 영향을 받을 수밖에 없다고 주장했습니다.

과연 여러분도 이 책에서 그러한 경험을 했나요? 먼저 멜로디, 드로잉, 애니메이션, 탈춤놀이를 하는 인공지능 프로젝트를 만들었던 과정을 떠올려 봅시다. 몸으로 움직이는 경험이 프로그램 코드와 연결되었고, 인공지능 기능을 통해 더욱 풍부한 놀이와 표현을 만들었습니다. 때로는 몸의 움직임이 코드를 만드는 과정에 도움을 주고, 때로는 코드를 만드는 과정이 움직임과 인공지능으로 표현하는 데 도움을 주고, 때로는 인공지능과 협업하는 과정이 움직임과 코드에 도움을 주었습니다. 즉, 움직임과 코드, 인공지능이 각각 서로 다른 결과를 만든 것이 아니고 이 셋이 마치 톱니바퀴처럼 맞물리며 서로에게 도움을 주었습니다. 이 과정에서 생각과 전략을 여러 번 수정하고 발전시켰지요.

이번에는 손에 펜을 들고 그림을 그리는 것과 내가 만든 인공지능 프로젝트를 활용하여 몸의 움직임으로 드로잉하는 활동을 떠올려 봅시다. 전자에서 2차원 도화지에 완성된 그림이 담겼다면, 후자에서는 몸을 움직여서 드로잉을 한 입체적 공간이 드로잉 행위의 장이자 생각과 아이디어가 탄생한 곳이었습니다. 즉, 인공지능 프로젝트와 상호작용하며 함께 창작하는 모든 과정이 작품이 되었지요. 또, 인공지능과 협업하여 창작하는 과정에서는 종종 의도하지 않았던 결과나 예측하지 못했던 결과를 마주하기도 했습니다. 이러한 결과는 놀이와 창작 과정에서 새로운 재료가 되기도 했고, 생각이나 전략을 수정하는 계기가 되었습니다.

다시 한번 주제별 '**몸으로 놀아보기** – **스타터 코드로 놀아보기** – **생각하며 놀아보기**' 과정을 찬찬히 떠올려 봅시다.

- '몸의 경험'이 내 생각을 표현하고 인공지능을 이해하는 데 도움이 되었나요?
- 코드를 통해 놀이와 퍼포먼스를 만들어 보는 과정이 내 생각을 표현하고 발전시키는 데 도움이 되었나요?
- 인공지능의 주요 원리와 이슈를 탐구하는 과정이 인간이 생각하고 학습하는 과정에 대해 더 잘 이해할 수 있도록 도움을 주었나요?
- 즐거운 놀이와 창작을 통해 실험하고 도전한 것들이 인공지능을 이해하고 창의성을 발현하는 데 도움이 되었나요?
- 인공지능과 협업하는 과정에서 뜻밖의 결과나 아이디어를 발견했나요? 생각의 발전 과정과 창작 과정에 어떻게 반영하였나요?
- 무엇을 더 도전해 보고 싶나요?

《놀이로 배우는 인공지능》 책에서의 즐거운 경험이 인공지능의 주요 원리를 이해하고, 인공지능과 관련된 쟁점들에 대해 자신만의 관점을 만들고, 인공지능 시대를 온전히 살아가기 위한 준비운동이 되길 바랍니다. 새롭게 펼쳐질 여러분의 여정도 마음을 담아 응원합니다.

본 도서를 기획하고 마무리하기까지 저 역시 즐겁게 실험하고 도전하고 배웠습니다. 이 여정에 함께해 준 친구들과 가족, 선생님들, 제이펍 담당자분들께 다시 한번 감사의 마음을 전합니다. 덧붙여, 이 여정 또한 저희 가족의 창의적 학습(Family Creative Learning, FCL)이 되었습니다. 제 여정을 온 마음으로 응원해 주고 지지해 준 아들 지우, 딸 지수, 남편 장박사님, 부모님들께도 고맙고 감사한 마음을 전합니다.

— **곽소아** 드림

아이들의 하굣길, 두 친구가 돌멩이를 발로 주고받으며 노는 모습을 보았습니다. 돌멩이 하나로 그 긴 골목을 다 지나도록 노닐더군요. 저는 아이들의 뒷모습을 보면서 '우리 아이들에게 놀이, 그리고 놀이의 재료는 무엇일까?'라는 생각에 잠겼습니다. 놀랍도록 창의적이고 이미 예술가인 어린이들에게는 무엇이든지 놀이가 될 수 있습니다. 생소하게 느껴지는 인공지능 기술도 아이들에게는 놀이가 될 수 있지 않을까요? 예술은 움직임, 시각, 청각과 같은 다양한 감각으로 자신을 발견하고 표현하게 해 줍니다. 우리 삶을 풍요롭게 해 주는 예술의 힘을 빌려 인공지능과 놀이를 접목한 배움을 만들었습니다. 많은 분들의 애씀과 진정, 사랑이 담긴 이 도서를 통해 어린이들이 행복해지길 바랍니다.

— **김서진** 드림

나와는 상관없는 다른 분야라고 생각했던 인공지능이 움직임과 놀이로 만나 전혀 다른 모습이 되었습니다. 자연스럽게 새로운 놀이를 만들고 규칙을 정했던 창의적인 어린 시절의 모습을 떠올리며 재미난 실험을 이 책에 담았습니다.

책 내용을 하나하나 따라가 보기도 하고 소개된 놀이보다 더 재미난 나만의 놀이를 만들기도 하는 등 이 책은 나의 아이디어가 잔뜩 녹아 있는 '인공지능 놀이 포트폴리오'가 될 것입니다. 놀이를 통해 움직임과 인공지능을 만나는 이 시간은 아이들의 삶 속에서 오랜 시간 즐거운 경험으로 자리 잡을 것입니다. 아이들의 즐거운 경험이 한 아이에서 그치는 것이 아니라 가정으로, 그리고 학교와 사회로 가치 있는 경험과 배움으로 확산하기를 바랍니다.

이 책을 함께 집필한 공저자들과 출판사 임직원, 영상 촬영에 도움을 준 아이들과 부모님들, 영상 콘텐츠를 제작하고 편집해 주신 분들 등 정말 많은 분의 정성이 담긴 이 책이 널리 퍼져나가길 바랍니다.

— **양정현** 드림

어린 시절 몸으로 익힌 것들은 기억에 많이 남습니다. 아마도 머리가 기억하기 전에 몸이 먼저 기억하는 것이겠죠. 그리고 그 기억을 통해 당시의 기분과 감정도 함께 되살아나기도 합니다.

몸 놀이를 중심으로 코드를 익히고, 내가 입력한 코드를 다시 몸을 움직이며 작동시킬 수 있도록 구성된 이 책을 통해 우리 아이들이 몸 놀이를 하며 재미있게 코딩을 배우고, 자연스럽게 생각하는 힘, 문제를 해결해 나가는 방법을 몸으로 직접 습득하면서 성장하길 바랍니다. 또한, 이러한 경험이 우리 아이들에게 즐거운 기억으로 남길 바랍니다.

— **이현주** 드림

요즘 시대는 컴퓨터, 소프트웨어, 코딩, 인공지능 등을 누구나 알아야만 하는 것으로 강요하고 있는지도 모릅니다. 인공지능 책을 사서 공부하거나, 온라인 영상을 통해 공부해야 하고, 노트에 깔끔하게 정리해야 하고, 누군가에게 뽐내야만 하는 것으로 생각하기 쉽습니다. 하지만 한 발 떨어져서 생각해 봅시다. 우리는 인공지능을 왜 알아야 할까요? 우리가 인공지능을 알면 어떤 좋은 점이 있을까요? 무엇보다, 인공지능은 재미가 있을까요?

이 책은 아이들이 인공지능이 무엇이고, 어떻게 활용할 수 있고, 어떤 영향을 미칠 수 있는지를 머리가 아닌 몸으로 먼저 느껴보고, 학습이 아닌 놀이로 경험하기를 바라는 마음으로 시작하였습니다.

아이들이 인공지능을 이용하여 나와 나의 주변을 새롭게 바라보고, 인공지능과 함께할 수 있는 다양한 즐거운 놀이를 경험하면서 신기하면서도 즐겁고, 조금은 어렵지만 끝까지 완수할 수 있는 자신감을 주고자 하였습니다. 또한, 인공지능으로 인해 발생할 수 있는 변화를 고민해 보면서 나와 우리 이웃이 함께 잘 살 수 있는 배려심을 키웠으면 하는 바람도 담았습니다.

이 책이 많은 분에게 좋은 기회이자 영감이자 새로운 도전의 씨앗이 되기를 간절히 희망합니다.

— **장윤재** 드림

부록(활동자료)

다음의 활동 자료는 인터넷에서 다운로드한 후 컬러로 인쇄해서 사용하세요.

스타터 코드

스타터 코드
https://bit.ly/3EQ7rFf

● 마치 퀴즈(Quiz)를 풀 듯이 미션을 해결하여 나만의 인공지능 프로젝트를 구현합니다.

코딩 카드

코딩 카드
https://bit.ly/3D7IXWM

● 코딩과 인공지능을 놀이의 재료로 삼아 실습하고 탐색하고 실제 놀이로 발전시킵니다.

● 그리기, 댄스, 음악 카드로 구성되었습니다.

움직임 카드

움직임 카드
https://bit.ly/3VD8Zbi

● 내 생각과 느낌을 몸의 움직임으로 표현합니다.

● 몸, 동작, 표현 카드로 구성되었습니다.

무빙마블 활동지

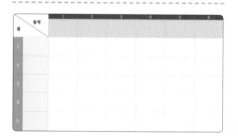

무빙마블 활동지
https://bit.ly/3s01OfY

● 움직임 카드를 올려 두는 활동지로, 여러 개의 움직임 카드를 조합하기 위해 사용합니다.

색 악보

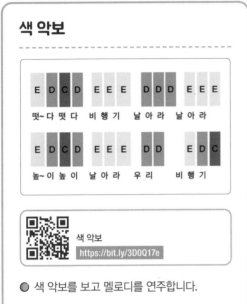

색 악보
https://bit.ly/3D0Q17e

● 색 악보를 보고 멜로디를 연주합니다.

문제 스케치북

문제 스케치북(스피드 드로잉)
https://bit.ly/3EFKbto

● 놀이 문제를 출제할 때 사용합니다.

예시 문장

예시 문장
https://bit.ly/3TyvI6R

● 예시 문장을 보고 몸으로 메시지를 전달합니다.

탈춤 장단

탈춤 장단
https://bit.ly/3ey8AX0

● 탈춤을 출 때 사용합니다.

부록(참고도서)

다음의 참고 도서는 부모님과 선생님의 놀이 지도에 도움이 될 도서들입니다.

《Mindstorms: Children, Computers, And Powerful Ideas》
(Seymour A. Papert 지음)

- 프로그래밍 언어인 로고(Logo)를 1967년에 개발한 저자의 책
- 아동에게 컴퓨터와 코딩이 어떠한 의미가 있는지, 어떻게 접근해야 하는지를 구성주의(Constructionism) 철학으로 발전시킴
- 《마인드스톰》(인사이트)으로 번역 출간됨

《The Connected Family: Bridging the Digital Generation Gap》
(Seymour A. Papert 지음)

- 기술과 매체의 등장으로 인해 변화하는 가족의 형태와 특징
- 구성주의 관점에서 기술과 SW 경험에 대한 가치 소개
- 가족이 함께 참여하는 활동의 가치를 다양한 역할과 관점으로 설명

《Lifelong Kindergarten: Cultivating Creativity through Projects, Passion, Peers, and Play》(Mitchel Resnick 지음)

- 모든 연령대의 사람들(특히 어린아이들)이 창의적인 생각과 창의적인 기술을 실현하는 기회의 장으로서 '평생 유치원(Lifelong Kindergarten)'을 소개
- 4P: Project, Passion, Play, Peers
- 《미첼 레스닉의 평생유치원》(다산사이언스)으로 번역 출간됨

《Coding as a Playground》(Umaschi Bers, Marina 지음)

- 어린아이들이 코딩을 경험해야 하는 이유, 놀이로서 코딩이 어떤 의미와 가치를 함의하는지 소개
- 즐거운 놀이 활동을 통해 '컴퓨팅 사고력'을 향상시킬 수 있는 교육적 접근법 소개
- 《코딩 플레이그라운드》(미디어숲)로 번역 출간됨

주석

① **시모어 패퍼트**(Seymour Papert, 1928.2~2016.7)는 '교육용 컴퓨팅의 아버지'라 불립니다. 그는 어린이들이 컴퓨터를 다루며 즐겁게 탐구하고 실험하며 학습할 수 있기를 희망했습니다. 패퍼트는 수학 전공으로 두 번째 박사 학위 취득한 후 스위스 제네바대학교에 머물며 저명한 철학자이자 발달심리학자인 장 피아제의 '구성주의(Constructinism)'에 깊은 영감을 받았습니다. 패퍼트는 실존하는 세계에 있는 물체를 만지며 즐겁게 탐구하고, 생각하며, 자신만의 창의적인 프로젝트를 만드는 과정에서 의미 있는 학습을 하게 된다는 구성주의 교육 철학의 이론적 토대를 마련했습니다. 1968년부터 1981년까지는 MIT 인공지능 연구소 공동 디렉터로 연구했습니다. 마인드스톰 원문 읽기: **https://mindstorms.media.mit.edu**
  > 출처 MIT NEWS, 'Professor Emeritus Seymour Papert, pioneer of constructionist learning, dies at 88' **https://bit.ly/3inhCob**

② 본 프로그램은 'MIT Medialab: Scratch Conference 2021'과 '대한무용학회: 2021 세계무용연맹 아시아퍼시픽 국제 콘퍼런스'에 교육 활동 사례로 소개되었습니다.

③ **비주얼 프로그래밍 언어**(Visual Programming Language, VPL): 텍스트를 입력하여 프로그래밍하는 것이 아니라 그래픽적 요소들을 이용해서 프로그래밍하기 때문에 초보자나 비전공자도 쉽게 배울 수 있습니다. 대표적인 블록형 프로그래밍 언어로는 MIT 미디어랩이 개발한 '스크래치(Scratch, **https://scratch.mit.edu**)', 네이버가 개발한 '엔트리(Entry, **https://playentry.org**)', 구글이 개발한 '블로키(Blockly, **https://developers.google.com/blockly**)', MIT 인공지능 연구소가 개발한 '로고(Logo, **https://turtleart.org**)' 등이 있습니다.

④ **웹캠**(web camera): 개인용 컴퓨터에 달아 화상 회의나 상황 따위를 파악하고자 할 때 사용하는 카메라입니다.

⑤ 이미지 출처 국제바디뮤직페스티벌 웹 페이지에서 'bodymusic' 검색, 2022년 4월 28일 최종 접속.
  https://bit.ly/3JGUCMF

⑥ 이미지 출처 AI아티스트 웹 페이지에서 'Reeps One's Videos' 검색, 2022년 4월 28일 최종 접속.
  https://aiartists.org/reeps-one

⑦ 이미지 출처 멀티버스 웹 페이지에서 '디코딩되는 랜드스케이프' 검색, 2022년 4월 28일 최종 접속.
  http://multi-verse.kr

⑧ 2018년 구글에서는 영상에서 실시간으로 사람의 동작을 인식할 수 있는 포즈넷(PoseNet) 모델을 개발하여 누구나 사용할 수 있도록 오픈소스로 공개하였습니다.
  https://bit.ly/3GVFVDD

⑨ **MIT Full StEAM Ahead**: MIT가 개발한 온라인 스팀 교육 플랫폼으로, 학생과 교사를 위한 다양한 교수 학습 자료를 무료로 제공합니다. '질병의 확산', '우주 탐험과 생활', '음악과 사운드 만들기', '인공지능' 등 총 10개의 패키지가 학년별로 구성되어 있습니다.

⑩ 디지털 머니(2019). '목소리 엿듣는 AI 스피커... 사생활 침해 논란'
  https://bit.ly/3l1CBbq

(11) 조선비즈(2019). ‘AI 스피커 사생활 침해 우려 해결해야’
https://bit.ly/3BzvxjN

(12) 로고는 최초로 아이들을 위해 개발한 프로그래밍 언어입니다. 로고 프로그래밍 언어는 실제로 바닥을 기어 다니는 거북이와 컴퓨터 화면상의 거북이의 움직임을 모두 제어할 수 있습니다.
이미지 출처 Papert, S. (1980). 《Mindstorms: Children, Computers and Powerful Ideas》. New York: Basic Books.

(13) **로고**(LOGO)는 어린아이들을 위해 개발된 교육용 프로그래밍 언어로, 인공지능 프로그래밍 언어인 리스프(LISP)를 변형하여 만든 것입니다. 유아와 어린이를 비롯한 초보자도 로고를 이용하여 자신만의 프로젝트를 만들 수 있습니다. 가장 인기 있는 로고 환경은 거북이였으며, 컴퓨터의 스크린 화면에서 움직이는 가상의 거북이와 실제로 바닥을 기어 다니는 거북이가 모두 개발되었습니다. 아이들은 거북이 로봇에 명령어를 입력하여 원하는 방향으로 움직이거나 모양을 바꾸는 등 다양한 방법으로 제어할 수 있습니다.
출처 mit.edu 공식 사이트, LOGO History https://bit.ly/3N0omqd

(14) 이미지 출처 위키아트 웹 페이지에서 ‘Number 8’ 검색. 2022년 4월 28일 최종 접속.
https://bit.ly/3MBISMN

(15) 이미지 출처 수젠 청 공식 웹 페이지에서 ‘Artefact No 1’ 검색. 2022년 4월 28일 최종 접속.
https://sougwen.com/artworks

(16) 이미지 출처 매경 프리미엄(2020). ‘물감 퍼부은 그림이 1,800억…잭슨 폴록은 어떻게 신화가 됐나’
https://bit.ly/3Ktt654

(17) 이미지 출처 세계 AI 아티스트들의 가장 큰 커뮤니티 사이트에 있는 수제 청 페이지
https://aiartists.org/sougwen-chung

(18) **한붓 그리기**: 주어진 도형을 그릴 때 선을 한 번도 떼지 않으면서 같은 선 위를 두 번 반복해서 지나지 않도록 그리는 기법입니다.

(19) 연합뉴스(2018). ‘인공지능도 인종차별?…“얼굴인식 소프트웨어 백인남성 더 정확”’
https://bit.ly/3uZy6KN

(20) 이미지 출처 Scribbling Speech 웹 페이지. 2022년 5월 7일 최종 접속.
http://xinyue.de/scribbling-speech.html

(21) 이미지 출처 KalidoFace 웹 페이지. 2022년 5월 7일 최종 접속.
https://3d.kalidoface.com

(22) **인터랙티브 애니메이션**(Interactive Animation): 관객이 작품을 감상하는 것에 그치지 않고 작품에 직접 참여하여 작품과 소통하여 완성하는 애니메이션 형태입니다.

(23) **마임**(mime): 대사 없이 표정과 몸짓만으로 내용을 전달하는 연극

(24) **네컷 만화**: 네 컷으로 구성된 만화로, 이야기를 간결하고 익살스럽게 표현합니다.

(25) **데이터**(data): 데이터는 관찰이나 실험 또는 조사를 통해 얻은 사실이나 정보를 의미합니다. 또한, 우리의 생각이나 주장을 이루는 데 기초가 되는 자료이기도 합니다.

(26) 전자신문(2020). '못난이' 데이터, '멋쟁이' 변신 중... '비정형 데이터'가 뜬다'
https://m.etnews.com/20200217000123

(27) IoT는 Internet of Things의 약자로, 다양한 사물에 센서와 인터넷 연결 장치가 포함되어 데이터를 수집 및 공유할 수 있는 장치입니다. 스마트 워치, 인공지능 스피커, 스마트 가로등 등이 있습니다.

(28) **Tinkering Studio**: 분명한 목적 없이도 자신의 흥미와 관심 분야의 일을 즐겁게, 반복적으로, 꾸준히 진행하여 기대하지 않았던 뜻밖의 성취를 이루는 과정을 틴커링(tinkering)이라 합니다. 처음에는 특별한 의도 없이 레고 블록을 이리저리 쌓고 있었던 아동이 '판타지 성'을 만들기로 결심하고 완성하는 것 역시 틴커링의 한 예입니다. 틴커링 스튜디오에서는 과학, 예술, 기술을 비롯한 다양한 아이디어로 유쾌하고 즐겁게 실험하는 곳으로, 교육 프로그램 개발, 교육 환경 구성 등을 연구합니다.

(29) 연합뉴스(2016). '인공지능 세뇌의 위험...MS 채팅봇 '테이' 차별발언으로 운영중단'.
https://bit.ly/3N1RAF9

(30) 연합뉴스(2021). '성희롱·혐오논란에 3주만에 멈춘 '이루다'...AI윤리 숙제 남기다'.
https://bit.ly/3ij9OUe

(31) **평생 유치원 연구 그룹**(Lifelong Kindergarten Research Group): MIT 미디어랩의 미첼 레즈닉 교수가 이끄는 연구 그룹으로, 창의적 학습 경험을 위한 새로운 기술과 활동을 개발 및 연구합니다. 유치원에서 블록을 쌓거나 손으로 그림을 그리며 무언가를 배우는 것처럼 어린아이부터 성인까지 창의적 활동에 참여시키고, 지역사회를 발전시키고자 다양한 연구와 프로젝트를 수행하고 있습니다.
출처 Lifelong Kindergarten Research Group 공식 홈페이지. https://bit.ly/3N75sOj

(32) 무보(舞譜)는 춤을 종이에 기록한 것으로, 춤 동작을 악보처럼 일정한 기호나 그림으로 나타낸 것입니다. 오랜 시간이 지나도 춤을 보존하고 많은 사람에게 전하기 위해 무보를 사용합니다.

(33) 이미지 출처 https://bit.ly/3hOrGCR

(34) 이미지 출처 《봉산탈춤 무보》(김백봉, 1976), p182-183

(35) 이미지 출처 https://bit.ly/3sXLJHP

(36) 이미지 출처 https://bit.ly/35cANOp

(37) 이미지 출처 AIArtists.org 웹 페이지에서 'Wayne McGregor' 검색. 2022년 5월 8일 최종 접속.
https://aiartists.org/wayne-mcgregor

38 `이미지 출처` 한국스포츠 통신(2020, 06) '온라인 상영회 비욘드 블랙'. 2022년 5월 8일 최종 접속.
https://bit.ly/3ykJ04c

39 **미러링**(mirroring): 마치 거울을 보듯이 상대방과 마주보며 똑같이 움직입니다.

40 `이미지 출처` https://bit.ly/34OCGRs

41 `이미지 출처` https://folkency.nfm.go.kr/kr/dic/21/picture

42 로봇신문(2020). '판례 분석, 인공지능(AI)이 작성한 기사를 저작물로 인정'
https://bit.ly/3LJWlx1

43 《Family Creative Learning Facilitator Guide》(2017).
Retrieved from http://familycreativelearning.org/guide.
한국어 번역본: https://bit.ly/3nJP5uL

44 `이미지 출처` 로고 재단 공식 홈페이지, "What is Logo?" 검색, 2022년 10월 19일 접속.
http://el.media.mit.edu/logo-foundation/what_is_logo/logo_and_learning.html

찾아보기

바닥을 기어 다니는 로고 거북이와 시모어 패퍼트[44]

사람들이 어떻게 생각하는지, 그리고 생각하는 법을 어떻게 배우는지가 궁금합니다. 내가 바라보는 미래의 교육상을 실현하는 데 있어서 기술이 핵심적인 역할을 하겠지만, 내가 가장 중요하게 생각하는 대상은 컴퓨터가 아니라 마음입니다. 특히 지적인 활동과 문화가 자신을 정의하고 성장시키는 방식에 관심이 많습니다.

실제로 나는 컴퓨터에 문화적 '싹' 또는 '씨앗'을 실어 나르는 '운반체'라는 역할을 부여했으며, 이러한 새싹과 씨앗이 만들어 내는 지적 산물은 씩씩하게 성장하는 마음 안에 한번 뿌리를 내리면 더 이상 기술 지원이 필요하지 않을 것입니다.

지금껏 나는 컴퓨터를 유연한 도구로 만들기 위해 노력해 왔습니다. 내가 어린 시절 톱니바퀴를 가지고 놀았듯이 어린이들이 컴퓨터를 가지고 놀면서 각자 자기만의 것을 만들어 갈 수 있기를 바랍니다.

— 《마인드스톰》(시모어 페퍼트 지음, 1980) 중에서